차의 마음을 담은 소수민족의 땅,
중국 귀주성 차 기행

잎에서
잔까지

연우 이은주 지음

대경북스

1판 1쇄 인쇄 2025년 11월 10일
1판 1쇄 발행 2025년 11월 15일

지은이 이은주
발행인 김영대
펴낸 곳 대경북스
등록번호 제 1-1003호
주소 서울시 강동구 천중로42길 45(길동 379-15) 2F
전화 (02)485-1988, 485-2586~87
팩스 (02)485-1488
쇼핑몰 https://smartstore.naver.com/dkbooksmall
e-mail dkbookss@naver.com

ISBN 979-11-7168-118-1 03810

※ 이 책은 저작권법에 따라 보호받는 저작물이므로 무단전재와 무단복제를 금지하며, 이 책 내용의 전부 또는 일부를 이용하려면 반드시 저작권자와 대경북스의 서면 동의를 받아야 합니다.

프롤로그

가 바뀔 때마다 올해에는 차 여행을 어디로 갈까 고민합니다. 이번 여행의 출발선은 귀주성 꾸이양 롱동바오 국제공항이었습니다.

활주로 위에 낮게 깔린 안개와 유리 벽을 타고 흐르는 물기, 그리고 도시로 이어지는 짧은 차도. 공항은 이동의 끝이 아니라, 차가 시작되는 첫 여정임을 다시 알려주었습니다. 이곳에서 30~40분만 달리면 강이 보이고 숲이 이어지며, 숲 너머로 고원의 윤곽이 층층이 올라옵니다. 저는 그 지형과 기후가 잎의 운명을 어떻게 바꾸는지, 직접 걷고 만지고 우려 보고 싶었습니다. 귀주(贵州, 구이저우)성은 전체의 면적 중 92%가 산지입니다. 사람이 발 디디고 사는 땅이 극히 좁은 성의 사람들 산과 산속에 얽힌 그들의 삶이 궁금했습니다.

귀주성은 카르스트 고원과 잦은 운무, 석회암 토양이 어우러진 땅입니다. 해는 짧게 머물고 밤공기가 차갑습니다. 차나무가 성장하기 좋은 환경에서 잎은 향을 촘촘히 만들어 올립니다. 낮과 밤의 온도 차, 공기 중의 습도, 토양의 미네랄이 한 잔 안에서 향·맛·후운으로 연결되는 과정 그 길을 몸으로 확인하는 여행을 시작합니다. 나사각(螺丝壳)의 바람을 맞으며 고원의 이야기를 배우고, 도균(두원, 都勻) 평양촌의 차밭에서 채엽의 손끝을 익히며, 살청과 유념의 불 앞에서 "좋은 차는 불을 이기지 않는다."는 말을 마음에 새깁니다. 유유히 석판가(石板街) 돌판 길을 걸어 묘족의 사람 사는 모습을 한 잔의 차로 스며드는 순간을 기록할 것입니다.

이 책은 그래서 여행기이자 공부 노트, 현장기록이자 사색 에세이입니다. 저는 다다티하우스에서 많은 분들과 차를 나누며 맺은 한 가지 약속을 지키려 합니다. 본 것들은 뚜렷이. 풍경은 사실과 같게, 정보는 명확하게, 향은 기억보다 오래 남도록. 알려주어야 할 장 끝에는 'Tea Note'를 두어 산지와 채엽기, 제다 핵심, 권장 우림을 간명하게 정리했고, 본문에서는 사람과 장소가 말해 준 문장을 최대한 있는 그대로 옮겼습니다. 때로는 묘족(苗族) 자수의 바늘땀처럼 미세한 삶의 모습을, 때로는 천낙수(天落水) 폭포의 낙차처럼 단번에 떨어지는 감정을, 감정과 문장 사이에 평평하게 펼쳐 보려 합니다.

　귀주성에서 마주할 대표 차도 미리 마음에 올려 둡니다. 도균모첨(都匀毛尖) 백모가 고르게 선 여린 봄. 첫 우림의 금빛 수색의 청초함, 혀 옆선에 도는 미세한 감칠맛이 시작이라면, 쭌이훙(쭌의훙, 遵义红)은 붉은빛으로 하루를 마무리하는 긴 후운의 여운일 것입니다. 두 차 사이에서 저는 산의 모습과 도시의 박동, 사람의 온도를 함께 기록할 것입니다.

　여정의 설계는 단순합니다. 잎에서 잔까지.

　아침에는 비 오는 다원에서 채엽으로 하루를 시작하였고,
　낮에는 제다실의 솥 앞에서 불의 온도를 배우며,
　오후에는 차관과 다원을 걸으며 문화를 천천히 익혔고,
　밤에는 그날의 이야기를 수다스럽게 이야기하며 여행을 즐겼습니다.

　돌아온 뒤에는 현장에서 놓친 구절을 다시 읽듯, 비어 있는 설명을 보충하고, 과감히 덜어낼 문장을 덜어내었습니다. 차가 한 번의 우림으로 완성되지 않듯, 글도 여러 번 숨을 골라야 비로소 제 이야기를 담아냅니다.

　혹시 이 책에서 지식을 기대하신다면, 지식은 분명 나옵니다. 다만 지식이 경험의 뒤에 조용히 서 있도록 배치했습니다.

본문에서는 먼저 몸으로 만난 사실을 들려드립니다. 바람이 이렇게 분다. 그래서 향이 이렇게 남는다. 돌판이 이렇게 울퉁불퉁하다. 그래서 걸음이 이렇게 느려진다. 그런 순서를 지키고자 합니다.

무엇보다 이 책은 함께 걷자는 청유입니다. 공항의 유리 벽에 비친 한 사람의 여행자에서 시작해, 평양촌의 밭고랑을 지나, 석판가의 돌계단과 차관의 잔 가장자리까지 독자님을 곁에 두고 싶습니다. 제가 한 모금 길게 머무르면, 독자님도 한 줄 더 천천히 읽어 주시기를. 제가 덜어내면, 독자님도 과감히 비워 주시기를. 그렇게 호흡을 맞추다 보면, 어느새 잔 속에서 귀주성의 지형과 사람이 또렷이 나타날 것입니다.

이제 페이지를 넘기겠습니다. 안개의 관문을 지나, 고원의 바람으로 들어갑니다. 첫 장의 제목은 이렇게 적겠습니다. 〈길 위에서 만난 차의 땅〉. 그곳에서 시작된 이야기는, 결국 여러분의 잔에서 완성될 것입니다.

2025년 10월

연우 이은주

차 례

프롤로그 _3

제1부 길 위에서 만난 차의 땅 _11

환영과 환난 사이에서 _13
녹색의 땅 귀주 _16

제2부 도균, 모첨의 푸른 찻잎 _25

세상의 모든 바람을 맞는 곳 _27
나사각 바람에게 배우다 _35
하얀 털, 꾸불꾸불 - 도균모첨 차밭에서 보낸 하루 _37
수태와 대나무 밭 _49

제3부 봉강, 선인령의 바람 _59

신인령의 차 공장 견학기 _61
다원에서 찍은 체험 삶의 현장 _69

제4부 귀양의 기억, 도균의 불빛 _79

갑수루와 백자교 _81
귀주성에서 만난 천복명차 _91
석판가 - 걸으며 듣는 묘족의 시간 _96

제5부 칭탕촌 고차수 - 능선 위의 차향 _105

칭탕마을 사람들 _107
칭탕마을 뚜윈홍 _116

제6부 미담, 다예사의 흑차 _125

미담 - 다예사 향옥 선생님의 마당에서 _127
향옥 선생의 다예, 몸이 기억하는 다법 _133
유차탕 - 차가 국이 되는 아침 _138

제7부 끝없는 차의 바다 _143

만무차해의 찻잎, 어디로 가는가? _145
귀주성 차공업박물관 - 공장의 시간, 국가의 기억 _153

제8부 배움과 회고 _159

귀주성 농학과학원 - 차 연구의 산실 _**161**
화시구 주안 현대 고효율 차 시범단지 - 고차수다원 _**170**
귀양 삼림공원, 희원서원에서 마신 오후 _**174**

제9부 귀주에서 배운 삶의 지혜 _185

같은 산 다른 차 _**187**
차는 산을 닮고, 사람을 닮는다 _**191**

부록 메이탄에서 본 '전통에서 산업으로'
- 차, 한 문명의 걸음을 따라 _**195**

에필로그 _**203**

제1부

길 위에서 만난 차의 땅

환영과 환난 사이에서

비 행기 바퀴가 활주로에 닿자, 귀주의 시간도 내 안에 착륙했다.

구름의 바다, 태양이 귀한 땅. 귀양(구이양)의 첫인상은 강렬했다. 낯선 귀주의 공기는 흙냄새가 났다. 첫 호흡부터 차의 고향은 땅의 향으로 말한다. 차가 자라는 땅의 첫인사였다.

중국 소수민족 차의 고향으로 들어선다. 지도에서만 보던 이름들이 도로 표지판에서 튀어나왔다. 두원(都匀, 도균), 펑강(凤冈, 봉강), 메이탄(湄潭, 미담), 쭌이(遵义 준의), 이정표는 방향을 가리키고, 차창 밖 스쳐 가는 풍경은 마음의 설렘을 찍는다. 안개와 비의 관문에서, 한 잔의 길을 연다.

비행 스케줄을 정리하고 캐리어의 무게를 미리 가늠할 때, 나는 늘 도착지 공항을 먼저 떠올린다. 활주로의 불빛, 낯선 표

지판, 사람들의 목소리. 그 설렘이 여행의 첫 연료가 된다. 이번에도 그랬다.

    열세 번째 중국 차 기행. 인천을 떠난 비행기는 상하이에 닿았고, 귀주행 국내선으로 갈아타기 전, 나는 또다시 출입국 심사대에서 불려 나왔다. 처음엔 당황했지만, 중국에 들어 올 때마다 자주 있는 일이라 이젠 익숙하다. "무슨 일인가요?"라고 물으면, 담당자는 늘 "별일 아니다."라고 답한다. 그렇지만 매번 공항 구석의 어느 장소에서 2차 심사를 받으며 이마를 들어 보이고, 귀를 열어 보이며 신원 확인을 거치는 시간은 유쾌하지만은 않다. 여행의 문턱을 넘는 일은 때때로 이렇게 작지만 긴장된 절차를 포함한다.

일행과 다시 합류해 국내선 터미널로 이동하는 길에서도 사소한 다툼이 있었다. 다섯 명이 두 대의 택시로 나뉘어 탔는데, 목적지에 도착해서는 터무니없는 바가지 요금으로 한참 실랑이를 벌였다. 20위안이면 족할 요금을 120위안이나 달라는 것이다. 택시 안에서 친절하게 온갖 이야기를 다 하던 기사님의 반전이다. 언어가 다르고, 관습이 다르다 보니 정신이 번쩍 든다. 한 시간여 긴 대치 끝에 공안의 중립적인 판단에 힘입어 기사가 원하는 돈을 지불하지 않고 국내선으로 들어섰다. 환영과 환난은 한 글자 차이. 이방의 도시는 시작부터 거칠게 굴고는 한다. 새로운 것에 들어서는 일은 늘 서툶을 동반한다. 친절은 늘 순도 100%가 아니다. 섞임이 있고, 섞임마다 의도가 있다.

공항, 사람, 낯선 말. 여행은 늘 설레지만 까다로운 절차도 포함한다. 문턱은 높기도 낮기도 하고, 절차는 길기도 짧기도 하다. 중요한 건 걸음을 멈추지 않는 일. 작은 불편을 지나 오히려 마음을 낮추는 일. 그렇게 우리는 마침내 귀주(貴州, 구이저우)성의 하늘 아래에 섰다. 이제부터는 잎과 물, 바람과 흙의 말을 자세하게 들을 차례다.

녹색의 땅 귀주

안개의 도시. 태양이 귀한 도시 귀양(贵阳, 구이양)은 중국 서남부의 내륙, 으뜸 도시로 고도가 높고 습윤한 아열대 기후를 품은 귀주성의 성도다. 롱동바오 국제공항(贵阳龙洞堡国际机场, Guiyang Longdongbao International Airport), 귀주성의 하늘 문이자 4월 나의 기행에서 차가 시작되는 관문이다. 남동쪽으로 약 11km, 차로 30~40분이면 도시의 중심으로 들어가고, 다시 거기서 산을 향해 뻗어 나갈 수 있다.

활주로 위 얇은 물기와 낮은 구름이 이 땅의 또 다른 이름을 먼저 알려준다. 도착할 무렵은 제법 늦은 시간이라 창밖으로 보이는 풍경은 점점이 박힌 불빛뿐이었다. 다른 도시와 다르게 불빛의 밀도가 낮다. 보통 창공에서 바라보는 도시의 불빛은 길의 방향, 꺾임을 보여주고 사람이 사는 밀도를 보여주는데 이곳의 불빛은 듬성듬성 도시의 크기를 가늠하게 한다.

녹색의 땅 귀주 **17**

어디를 가든 늦은 저녁 상공에서 내려다보는 지상은 그저 아름답다. 나는 늘 생각한다. 저 따뜻한 불빛 안의 사람들, 하루 동안 일하고 집으로 돌아와 식탁에 둘러앉아 밥을 먹거나 소파에 비스듬히 누워 리모컨을 만지거나 혹은 거실을 뛰어다니는 아이들을 상상하며 불빛이 주는 온화에 빠져든다. 오늘의 '귀주(贵州)'라는 이름은 명나라 영락·홍치 연간을 거치며 행정구역이 정비될 때, 수도였던 귀양부가 '귀주(贵州)'로도 불리던 관칭에서 굳어졌다는 설이 있다. 지금도 성 약칭으로 '黔(검)'과 '贵(귀)'를 함께 쓴다.

연평균 15~16℃. 겨울은 차갑고 습하지만, 여름의 혹서는 길지 않다. 이번 기행에서 긴 일정 동안 어떻게 옷을 준비해야 할지 고민이 많았다. 긴 일정 동안 추위와 더위를 모두 견뎌야 했으니 말이다. 낮은 우리나라 여름보다 견디기 쉽고 밤과 새벽은 초겨울처럼 쌀쌀하다. 완만한 기온과 잦은 운무, 비, 카르스트 지형의 석회암 토양이 만나 찻잎의 맛을 키운다. 강수량이 높아 여정 내내 비를 만나는 날이 많았다. 안개가 오래 머물고 밤낮의 온도 차가 클수록 찻잎 향은 진하고 차 맛은 선명하다.

공항을 빠져나오면 길이 넓게 열린다. 도심을 가로지르는 강과 숲, 그 뒤로 겹겹이 쌓인 고원의 윤곽. 표지판의 지명이 하나둘 눈에 들어온다. 도균(都匀, 두윈), 쭌이(遵义) 잎의 이름과 산의 이름, 사람이 얽혀 생태 지도와 문화 지도를 동시에 그린다.

귀주성은 중국 유수의 차 산지를 품고 있고, 도균은 중국 귀주성(贵州省) 첸난 부이족·먀오족 자치주(黔南布依族苗族自治州)의 주도(州府)로, 귀주의 차 문화를 이야기할 때 빼놓을 수 없는 핵심 지역이다. 귀주성 남부, 귀양(贵阳, 구이양)에서 남쪽으로 약 160km 떨어진 곳. 교통 요지로 고속철과 고속도로가 지나며

광시·운남 방면으로 이어지는 요충지다. 역사적으로 명·청대부터 '귀주 제일의 차'로 기록되어 10대 명차 반열에 오른 도균모첨(都勻毛尖, Duyun Maojian)은 백모가 고르며 향긋한 봄의 향을 만들고 1근에 65,000개의 싹을 담아내어 현대에는 국가급 보호 브랜드로 자리 잡았다.

  귀양에서 북쪽으로 길을 잡아 고원을 넘어가면, 강과 깎아지른 절벽이 엇갈리며 도시 하나가 조용히 드러난다. 쭌이(遵义). 해발 약 800~900m의 기복 위에 얹힌 도시다. 쭌이는 차뿐만 아니라 역사의 한 장을 품을 도시다.
  1935년 1월 15일부터 17일까지 사흘 동안, 마오쩌둥, 저우언라이, 장원톈, 주더, 천원 등 정치국 핵심 인사 다수가 시내의 한 가옥(현재 쭌이회의기념관)에 모여 열린 회의가 한 조직의 생사를 가르고, 한 나라의 방향을 틀었다.
  배경은 간단하지 않다. 1934년 겨울, 중앙홍군은 장정에 오르기 전후로 연패를 거듭했고, 병력은 크게 줄었다. 정면돌파 일변도의 강경한 노선은 현실과 맞지 않았고, 전선의 피로는 극에 달했다. 그래서 이 집에 모였다. 실패의 원인을 정면으로 마주하고, 먼저 '어떻게 싸울 것인가?'의 노선을 바꾸었다. 정면으로 받아치던 방식을 접고, 지형과 상황에 따라 유동적으로 움직이는 전술로 선회했다. 병력을 지키고, 기회를 기다리며, 길을 바꾸는 방법. 동시에 '누가 어떻게 이끌 것인가?'도 손봤다. 마오쩌둥이 사실상 군사·정치적 지도자로 복귀했고, 장원톈이 총괄을 맡았다. 저우언라이와 함께 꾸린 새로운 지휘 축은 전쟁을 준비했다. 실패를 인정하는 용기, 노선을 바꾸는 결단, 사람을 다시 세우는 선택. 사흘의 회의가 남긴 건 승리의 약속이 아니라, 생존의 기술이었다. 여행의 중간에도, 삶의 중간에도 필요한 기술. 쭌이에서 배운 건 거창한 혁명이 아니라, 길을 잃었을 때 지도를 다시 펴는 법이었다. 쭌이회의는 훗날 항일전의 국면을 여는 출발점도 정리한 것이다.

    이곳의 대표적인 차는 홍차다. 붉은빛으로 여운을 길게 끌어 주는 쭌이훙(遵义红, Zunyi Hong)은 원숙한 단맛과 깊은 후운을 보여준다.

    귀주 북동부, 쭌이시 동쪽에 놓인 카르스트 고원이 나타나는데 메이탄(湄潭, 미담) 현이다. 해발 900~1,200m의 완만한 구릉과 석회암 토양, 잦은 비와 운무가 겹쳐 봄 여린 잎은 녹차 생산을 극대화한다. 메이탄은 차의 풍경(만무차해), 차의 기술(공업박물관), 차의 생활(차성·차관)을 한 잔으로 합쳐지는 곳이다. 연평균 15~16℃의 온난 습윤 기후 덕에 품질 변동이 작고, 대규모 재

배·가공·유통이 고르게 자리 잡았다. 이곳의 이름을 대표하는 차는 '메이탄 취아(湄潭翠芽)'—작설형 잎에서 맑고 청초한 향, 부드러운 단맛과 깨끗한 미네랄감이 떨어진다. 근래엔 정교한 산화·홍배를 거친 현지 홍차도 점성이 좋은 단맛과 긴 후운으로 존재감을 키운다.

4월의 귀주로 들어가 차밭을 걷고(채엽), 불을 마주하고(제다), 잔을 통해 사람을 만나는(시음) 일을 먼저 한다. 돌아와서는 놓

친 구절을 다시 읽듯 비어 있는 생각을 보충한다. 여정과 보정, 현장과 책상이 교차하는 과정을 숨기지 않는다. 차가 그러하듯 글도 한 번의 집필로 완성되지 않는다.

녹색의 땅은 이미 많은 것을 준비해 두었다. 층층이 해발의 선명함, 석회암의 미네랄, 안개의 머무름, 언어가 통하지 않는 사람들의 교감. 밤낮 온도 차이 모두 차가 되어 가는 과정이다. 내가 할 일은 그 여정을 귀 기울여 듣고, 손끝으로 더듬고, 잔 속에 번역하는 일이다. 공항에서 시내로, 시내에서 차산으로, 차산에서 다시 사람으로. 여정의 흐름은 계속 바뀌지만, 차에 대한 마음은 한결같다. 차 한 잎. 그래서 첫 장은 공항에서 시작한다. 롱동바오의 유리 벽에 비친 내 모습과 활주로를 스치는 낮은 바람, 낯선 사람이 모여서 일행이 된 우리, 그 사이에 서서 다짐한다. 산이 허락한 만큼, 잎이 가르쳐 준 순서대로. 또렷이 보고 잘 기록하리라. 다음 페이지에서는 도균(두원)의 차밭으로 향한다. 6만5천 싹이 모여 한 근이 된 모첨의 하얀 털을 손끝으로 확인하고, 따가운 봄 햇살의 온도를 기억하며, 불의 가르침을 배운다.

제2부

도균, 모첨의 푸른 찻잎

세상의 모든 바람을 맞는 곳

나사각 고원, 세상에서 가장 큰 바람을 만날 수 있는 곳으로 나사각(螺丝壳)은 산이 아니라 바람 위 초원의 평원이다.

"해발이 높아질수록 나무는 작아지고 협곡은 깊어졌다."

도균시(都匀市) 서쪽 20㎞, 카르스트 고원의 한복판에서 아침 일찍 해발 1738m 정상으로 향하는 차에 올랐다. 평양촌의 도균모첨을 만나러 가는 길 나사각을 들러 보지 않을 수 없다. 일정이 빠듯하지만, 마음은 여유로운 듯 일생에 다시 보지 못할 풍경구에 올랐다. 굽이치는 길을 따라 사십 분쯤 올라가자, 차창 밖의 녹색은 층층이 깊어졌다. 출발할 땐 더워서 가벼이 걸친 셔츠였지만, 정상에 닿는 순간 일행들은 모두 차 뒷칸에 쌓듯이 올려 두었던 캐리어를 다시 열어 두툼한 겉옷을 꺼내 입었다. 고도의 바람은 예고 없이 온도를 바꾸어, 이곳이 고원임을 첫인사처럼 알려주었다. 아래 지역이 여름 날씨라면 이곳 고원은 초겨울 날씨다. 경량패딩을 챙겨 오길 잘했다.

정상부는 뜻밖에도 넓은 초원으로 평원하다. 사방으로 펼쳐진 초원은 끝을 가늠하기 어려웠고, 협곡의 풀잎은 어른 가슴께까지 차오르기도 하지만 사람이 다닐 수 있게 만들어둔 길가의 풀들은 오히려 바람에 쏠리고 누울 만큼 누워서 더 평평하게 다져져 있다. 한 걸음 내디딜 때마다 바람이 잎과 잎을 스치며 길을 만드는 모습이 보인다. 카르스트의 거칠고 단단한

흙 위에 이렇게 깊고 빽빽한 목초장이 있다는 사실이, 또 이 높은 곳에 느릿느릿 걷는 소들이 있다는 사실이 이곳의 시간과 공간의 비밀을 말해 준다.

　숲은 웅장했고, 녹음은 빈틈이 없고 끝도 없다. 하늘이 그리 멀리 있지 않은 느낌이다. 비어 있는 목초지에 햇살이 들어오면 낮은 풀과 침엽이 바닥을 기듯이 깔리고, 구름이 모여들면 초록은 어느새 어둡게 가라앉는다. 걷다 보니 일행 모두가 네 잎 클로버를 하나씩 따게 되었다. 이 자연 풍경구 안에서는 네 잎 클로버도 풍성하다. 이상하게도 딱 한두 잎씩만 마치 산이 그날의 행운을 공평하게 나누어 주는 의식을 치르는 것 같다. 손바닥 위 작은 네 잎은, 먼 길을 온 우리에게 "잘 왔다."라고 조용히 속삭인다.

　짙어지고 깊어지고 봉우리와 봉우리는 서로를 바라보며 겹겹의 협곡을 만들고 있다. 햇살이 밝던 하늘은 어느새 흐린 구름으로 변했고, 하얀 물결이 초원을 덮으면 저 먼 곳은 잠깐 구름바다가 되었

다. 바람은 때로 어깨를 밀쳐 몸의 균형을 요구했고, 바람을 맞서 버티는 그 순간마다 옷깃을 여미며 몸은 저절로 낮아진다. 자연의 기분이 분 단위로 바뀌는 곳, 사람의 걸음은 그 변화를 따라 자연의 신비를 새로 배워나간다. 그때 찍어둔 동영상에서 비명을 지르며 바람을 맞서고 있는 일행들의 모습을 보면 지금도 웃음이 난다.

협곡에서 능선을 타고 올라오는 바람은 세상에서 맞을 수 있는 모든 바람을 한꺼번에 맞는 느낌이라 가슴 속에 울분처럼 숨어 있던 고함과 비명이 함성으로 터져 나온다.

산 아래로 시선을 떨구면 골짜기가 깊게 패여 어둠을 간직

하고, 어디선가 거친 바람 소리는 연신 올라온다. 저 아래 골짝에서 능선을 타고 올라오는 바람의 세기를 몸으로 받아 내 보았는가? 짜릿한 희열감이 전해 온다. 살다 살다 어느 날 다시 온다면, 낙차 백 미터를 곧장 쏟아 내린다는 천낙수(天落水) 폭포까지 이어 걷고 싶다는 생각과 이 고원의 줄기를 따라 끝없는 마라톤을 하며, 이곳을 떠받치는 수십 개의 하천과 멀리 맑은 물이 흐르는 강으로 이어지는 길을 밟아보고 싶다는 생각이 가슴을 가득 채운다. 내 생애 다시 여행의 기회가 있다면 다시 가고 싶은 곳 리스트에 올려 본다. 봐도 봐도 신비로운 길이다.

동서로는 약 10킬로미터, 남북으로는 6킬로미터라고 설명하지만, 이곳의 실제 크기는 가늠할 수 없는 바람의 폭과 더 닮았다. 해발 1,700미터 안팎의 공기는 머릿속을 말끔히 씻어 주고, 숨은 가쁘게 길어졌다. 그 사이로 참과나무(香果樹), 아장추(鵝掌楸), 두중(杜仲) 같은 나무들이 묵직한 녹음을 드리우고, 망태를 짊어진 사람들이 뭔가를 채취하기 위해 분주히 움직인다. 때맞춰 낮은 풀꽃들은 바람을 소리로 흔들렸다. 고원 가장자리에서 만난 네 잎의 작은 행운과 초원 위의 큰 고요가 한 영상에 나란히 찍혔다. 이런 영상을 핸드폰에 담을 수 있다니 참으로 감사한 일이다. 지금도 가끔 빙그레 미소 지으면서 영상을 보게 된다.

이곳의 풍경은 한 방향으로만 흘러가지 않는다. 맑음과 안개, 빛과 바람, 고요와 밀어냄이 번갈아 눈앞을 정신없이 막아선다. 그래서일까. 마음도 쉬이 결론을 내리지 못하고 일행 모두 조금 더 조금 더 걷기를 원한다. 흘러가는 시간의 압박은 잠시 묻어 두고 지금 여기에 서 있는 몸과 마음을 더듬어 보았다. 바람이 스치고, 잎이 닿고, 기온이 내려가고, 숨이 고르고 그 사이에 무작정 펼쳐진 멀리 있는 길을 걸어 여행의 속도가 바뀌었다. 일행은 모두 조금만 더 걷고 또 걸어 보기로 했다. 저 끝없는 길이 그저 고맙다.

돌아서는 길, 초원은 여전히 끝없이 이어졌다. 그러나 처음과 달라진 것이 하나 있었다. 가슴 속 어딘가에, 이 고원의 모습이 거대하게 기억되었다는 것. 다음 번에는 평양촌의 차밭으로 내려가, 이 바람과 물, 흙이 어떤 잎을 길러내는지 천천히 맛보고 싶다. 오늘의 행운 한 잎은 책갈피에 끼워 두고, 그 잎이 다음에 내가 마실 찻잔 속에서 어떻게 에피소드로 엮일지, 길 위에서 계속 배우겠다는 생각이다.

바람은 지나가지만, 기억은 남는다.

나사각 바람에게 배우다

도균 서쪽 20리, 고원의 첫 바람이
예고 없이 온도를 바꾸며 인사한다.

카르스트의 거친 뼈 위에
풀빛이 두 길 넘게 솟아
잎과 잎 사이로 길이 열리면,
바람은 협곡 깊이를 따라 스쳐 간다.

바람이 전해 오는 말
행운은 움켜쥘 때가 아니라
공평히 건넬 때 완성된다는 걸
작은 네 잎 클로버로 먼저 가르쳐주었다.

해는 금세 안개로 바뀌고,
초원은 한동안 구름바다가 된다.
멀리 그대 소식이 얇게 들리면,
바람에 누운 풀잎처럼 마음을 비우리라.

인연도 바람을 닮았다.
오는 대로 맞이하고
머무는 만큼 사랑한 뒤
마음 속에 온기를 남기고 떠나게 하라.

돌아서는 길 위에서야 알았다.
흘려보냄은 잃는 일이 아니라
책갈피에 한 잎을 끼워 두듯
기억을 더 투명하게 하는 일임을.

그러니 오늘의 인연은 붙들지 말고
바람처럼 흘려보내고 기억하자.
내일의 잔에서 다시 피어날 향은
이미 내 마음의 깊이 속에 있으니.

하얀 털, 꾸불꾸불 –
도균모첨 차밭에서 보낸 하루

귀주의 봄은 성미가 급했다. 한낮엔 반소매로 등을 식히다가, 저녁이면 이른 봄의 매서운 기운을 불러왔다. 그 변덕의 틈을 따라 나사각(螺丝壳) 풍경구를 지나 산자락으로 내려오니, 길 끝에 도균모첨 차 구를 알리는 큰 표지석과 차밭이 펼쳐졌다. 가도 가도 차밭이다. 전망대는 거대한 자사호 모양이다. 일행은 천천히 차밭을 걸어 올라 전망대에서 더 넓은 차밭을 품

었다.

  차밭은 산비탈을 타고 물결처럼 이어졌다. 아침이면 협곡을 파서 만든 가오자이 저수지에서 솜털 같은 안개가 차밭 가득 올라온단다. 차밭에 안개를 피우기 위해 만든 저수지는 인공 호수라고 하기에는 규모가 엄청나다. 해가 오르면 안개가 들려 올라가며 어린 잎에 수분을 보충하고 해의 직사광선을 덜 받게 하다 보니 찻잎의 흰빛이 더 반짝인다. 가까이 들여다보면 표면을 덮은 고운 백모(白毛)가 보송보송 살아 있다. 그래서 이 차를 모첨(毛尖)이라 부른다. 끝이 가늘고 뾰족해 작설(雀舌)이라고도 하고, 물에 젖으면 갈고리처럼 휘어 '낚싯바늘 차(鱼钩茶)'라는 별명도 얻었다.

  4월 21일, 귀주 깊은 산골 평양 촌에서 손으로 잎을 따고, 그 잎을 불 위에서 차로 빚는 하루가 시작됐다. 이곳이 도균모첨의 고장이다. 중국 10대 명차 중 하나로 1956년 마오쩌둥의 친필로 백모첨. 도균모첨(두원마오젠)차라는 이름을 하사받았다. 이후 도균모첨은 1982년에 중국 10대 명차로 선정되었다. 2014년 시진핑 총서기가 도균모첨 브랜드를 지원해 주고, 2019년에는 전국 친환경 10대 랜드마크 수상을 한 모든 이유는 이곳 다원에 가보면 알 수 있다.

끝이라고 말할 수 없는 차밭 1738고지 일품명차창에 도착하니 현지 가정식 점심이 차려져 있다. 부이족의 환영 만찬이다. 커다란 냄비에 닭 한 마리를 통째로 넣어 끓인 샤부샤부. 뼈와 살, 내장과 방금 받아낸 듯한 붉은 닭피 한 사발이 함께 차려져 있다. 채소와 어우러진 국물은 강렬했고, 식탁 위에서 손님을 극진히 대접하는 이곳의 문화가 먼저 느껴진다. 낯섦 앞에서 젓가락이 잠깐 멈춘 이도 있었지만, 우리는 한 숟가

닭한마리 정찬. 귀한 손님이 오면 시간을 맞추어 가장 신선하게 먹을 수 있게 닭을 잡는다. 버리는 것 없이 닭 피까지 선지처럼 샤부샤부를 할 수 있게 담아낸다.

락씩 귀주(구이저우)의 문화를 떠먹었다. 이국의 식탁은 경계보다 인정하고 누구라고 할 것 없이 문화의 이해라는 배움의 자세가 생겨난다. 일행이 도착하는 시간에 맞추어 가장 신선하게 준비한 닭한마리 샤부샤부 정찬이다. 털 빼고는 모조리 식탁 위에 올린 것 같다. 닭 볏은 물론 내장과 신선한 피까지.

식사가 끝나자 본격적인 채엽이 시작됐다. 해가 높은 오후 두 시, 땡볕이 춤추는 시간에 두 줄로 낮은 산등성이를 올

라 막자란 잎과 큰 잎 사이를 오가며 손끝으로 찻잎을 딴다. 5,000㎡가 넘는 다원에서 정말 이 순간을 얼마나 기다렸는지 모른다. 중국 땅에서 찻잎을 마음껏 따며 현지의 땀과 노동을 체험해 보는 순간이, 다다티하우스에서도 늘 하는 일이 차 만드는 일임에도 내게는 더 없이 기대되고 설레는 시간이다. 물론 이 체험을 그렇게 좋아하지 않는 일행도 있었다. 하지만 나는는 오히려 더 열심히 해야겠다는 알 수 없는 뜨거운 마음이 피어올랐다. 넓게 끝없이 펼쳐진 차 밭만 보아도 마음에 풍요가 일고 내가 왜 여기에 왔는지 이유가 분명해졌다.

차창 사장님이 말했다.
"아직 두 장이 다 펴지지 않은 1아2엽, 어린 잎을 따세요."
이미 내 손은 차나무 위를 가볍게 날아다니며 따가운 햇볕까지 광주리에 잎과 함께 담아내며 일행보다 몇 배나 되는 잎을 채워 나갔다. 광주리가 채워지는 모습은 곧 차 한 잔이 천천히 모이는 모습이었다.
"좋은 차는 먼저 좋은 잎을 따는 것부터 시작입니다."
손끝이 아는 찻잎을 골라 따고, 연한 잎과 거친 잎의 경계를 더듬던 시간, 그 시간 속에서 나는 봄을 따고 내 꿈도 함께 땄다. 엄청난 속도로 일 욕심을 부려 본다.

제다실의 솥 위로 열이 오르자 잎은 향과 맛을 찾기 시작했다. 살청(殺靑)으로 효소의 활성을 잠재우고, 유념(揉捻)으로 모양을 다듬으며, 건조로 모든 것을 묶는다. 온도와 시간은 차향과 맛을 바꾸는 중요한 과정이다. 팬에서 덖는 전통 방식은 온도에 민감하다. 온도가 지나치게 뜨거우면 향이 짧아지고, 온도가 낮으면 풋맛이 남는다. 다원 사장님은 충분히 열이 오른 덖음 팬의 온도를 일행들에게 손을 대 느껴보라고 했다. 차 솥의 온도는 200도였는데 솥 위로 후끈한 열기가 전해 온다. 다원 사장님은 맨손으로 찻잎을 익혀 나갔다. 솥에서 차라락 차라락 찻잎 익는 소리가 차창 안을 가득 채우며 난꽃 향기가 피

어올랐다. 찻잎을 덖어 나가는 동안 덖음 팬의 온도는 점점 더 높게 올라갔고 금세 250도에 달했지만, 맨손으로 유유히 차 솥 안을 유영하며 찻잎을 흔들었다. 지름 70센티 정도의 덖음 솥으로 살청 작업을 할 때 보통 한 솥에 750g 정도를 넣고 4~5분 정도 진행한다. 이때 찻잎 속의 산화효소를 실활(失活, 활성을 잃게 함)시키는 것이 제다의 기술이자 녹차의 핵심이다.

   사장님의 손이 아주 빨갛게 달아올랐는데 이때 사장님이 자신의 손을 만져보란다. 손이 아주 두껍고 뜨겁다. 왜 장갑을 끼지 않냐는 질문에 장갑을 끼면 찻잎 온도를 느끼지 못한다고 한다. 다음 과정으로 솥 안에서 찻잎을 크게 잡고 동글동글 말아 올렸다 펴는 작업을 이어나간다. 이 작업이 바로 찻잎의 모양을 가다듬으며 스크래치를 주는 유념 작업인데, 솥 안에서 유념을 하면 향기가 무겁고 짙어지고 녹색 빛깔이 균일하게 된다고 한다. 벽라춘 만드는 방법과 같지 않냐고 말했더니 도균 모첨의 공법과 벽라춘 공법은 비슷하며 녹차 공예는 그날그날 품종 찻잎의 상태에 따라 차이는 있지만 모두 비슷하게 만들어져 대동소이하단다. 녹차의 제다 방법은 채엽, 살청, 유념, 건조로 이루어지니 큰 차이가 없다는 뜻이다. 차를 만드는 시간은 매우 짧았다. 일반적으로 차 솥에서 나와 강하게 유념하게 되면 쓴맛이 올라오게 되니 손의 힘을 너무 강하게 주는 것은 피하라고 일러주시는 사장님의 자리를 내가 이어받아서 솥 앞에 앉았다. 찻잎을 충분히 들어서 흔들어 주고 120도 정도 되는 솥에서 차를 말려 나갔다. 온도는 오로지 손으로 감지할 뿐이다.

정말 기다렸던 순간 아니던가! 차를 마주하는 짜릿함에 땀이 흐르는지로 모르게 손을 움직여 본다. 찻잎에 남은 수분의 균형을 이루기 위해서 찻잎을 간혹 비벼가는 단순한 작업이지만 이 과정에서 가장 중요한 일은 수분을 균일하게 맞추어 먼

저 말라 버리는 잎이 생기지 않게 하는 것이다. 먼저 마른 잎은 흩어내는 과정에서 쉽게 부서진다. 완전 건조 직전, 솥 안에서 잎을 힘껏 둥글리며 모양을 잡아주는 손놀림이 그래서 가장 어렵고도 전문적이다. 말라가는 찻잎이 솥에 떨어지는 소리가 마치 처마 끝에 내리는 고요한 빗소리 같다.

우리가 덖은 차는 옆방으로 이동해서 맛을 볼 수 있었다. 도균모첨은 일반적으로 녹차를 우리는 봉황삼점두처럼 물을 높게 떨어뜨려 우리는 것이 아니라 아주 섬세하고 작은 움직임으로 물을 낮고 부드럽게 우린다. 그 이유는 물을 높게 우리면 용출이 잘 될 수는 있으나 도균모첨의 아름답게 풀리는 찻잎의 모양을 즐길 수 없고, 차향을 즐길 수 없기 때문이란다. 뜨거운 물에서 천천히 풀리는 잎을 보는 것도 도균모첨을 즐기는 한 방법이란다.

이처럼 차의 성질을 알고 차를 다루는 것이 얼마나 중요한지 나도 차 수업을 할 때마다 강조하고 있다. 어린 잎, 큰 잎, 쇤 잎, 향기가 강한 잎 등 그 차에 맞는 우림 법을 선택할 줄 아는 그것이야말로 가장 맛있는 차를 마시는 방법이다.

첫 우림 연한 금빛 수색이 유리 공도배에서 먼저 향을 밀어

올린다. 잔에 고이고, 코끝에는 달디단 꽃향기의 신선함과 청초함이 겹쳐 올라왔다. 혀의 옆선을 타고 미세한 감칠맛이 흐르고, 삼킨 뒤 목구멍 어딘가가 환해지는 느낌이 오래 남았다. 혀 밑바닥이 사이 사이에서 생진이 올라는 것을 느껴보라며 사장님이 덧붙여 자랑한다. 우리가 함께 따고 만든 차를 바로 마시는 이 순간 가슴 뭉클함이 있지 않은가!

　여기서 궁금한 것 한 가지를 물어보았다. 일반적으로 녹차를 우리고 난 잎은 여리고 부드러워 한국에서도 이것을 쉽사리 버리지 않고 장떡을 굽거나 잘 말려 두었다가 볶음 요리에 사용하는데, 이렇게 찻잎이 많이 나는 차산에서는 엽저를 어떻게 쓰는지 궁금하다고 했더니 점심때 먹은 계란말이에 든 것이 마시고 난 찻잎이라고 한다. 그리고 이곳 사람들 또한 찻잎을 허투루 버리지 않고 요리에 많이 사용하는데 저녁상에는 더 다양한 찻잎 요리가 오를 것이란다.

　잔 속의 맛은 오늘의 장면을 순서대로 펼쳐 보였다. 안개의 흰빛은 백모의 보송함으로, 산비탈의 곡선은 꾸불꾸불한 잎의 모양으로, 낮은 바람은 긴 후운으로 산 하나가 한 잔 속에 담겨 입술 안에 조용히 머물렀다. 모두의 감탄을 잊을 수가 없다.

　그날 저녁은 찻잎으로 차린 저녁상이었다. 식탁 위에 놓인 음식들은 오늘의 여정을 다시 펼쳐 보였다. 10가지의 요리가 원탁의 테이블에 놓였고 이 원탁을 빙빙 돌리면서 먹는데 가장 가운데 낮에 먹은 닭의 뼈를 고아서 만든 맑은 탕을 중심으로 고사리를 넣어 볶은 고기, 찻잎을 넣은 달걀, 향신료를 잔뜩 넣어 만든 고기 절임, 오이와 토마토를 넣은 샐러드, 민물고기에 고추를 많이 넣은 조림, 호박볶음, 말로 표현하기 어려운 고기 장조림, 그리고 망고가 한 접시 놓였다. 미식 여행을 온 듯한 느낌의 한 상이다. 가끔 '화자오'라고 우리나라에 먹는 산초 같은 것이 씹힐 때면 몸서리치게 독한 맛에 눈물을 찔끔 흘려

야 했다. 하지만 귀한 대접을 한다며 내어 온 마오타이는 흥을 돋우기 충분했고 낯선 일행들은 점점 마음을 열고 이야기를 나누기 시작했다. 손님이 잘 먹고 마시도록 귀하게 대접하는 것은 그들의 문화였고, 그들의 애정 어린 마음에 밤이 늦도록 귀한 술과 음료를 대접받으며 마침내 하루를 완성했다.

수태와 대나무 밭

이튿날 새벽엔 평양마을 차밭과 대나무 숲 오솔길을 걸었다. 일행보다 일찍 일어나 차밭을 한참 걷다 보니 전날은 듣지 못했던 새 소리가 요란스럽게 아침을 밝힌다. 분명 어제도 울었고 오늘도 다르지 않을 텐데, 어제는 왜 못 들었을까? 한참을 새 소리에 마음을 빼앗겼다. 호수에서 올라오는 옅은 안개와 산속의 고요, 깨질 듯 맑은 공기를 호사스럽게 마셔본다.

새벽 5시 30분 이른 시간에 차밭을 올라가는 여인들이 보인다. 기숙사에서는 한 그릇의 밥을 베란다에 나와 긴 젓가락으로 욱여넣듯이 먹고 있는 여인들도 있고 도시락과 물을 등에 지고 산을 오르는 사람도 있다. 아마도 아주 늦은 시간이 되어서야 광주리 가득 찻잎을 채우고 돌아올 모양이다. 가벼운 아침 인사를 건네 본다. "니하오!"

새벽 6시 마을 트래킹을 약속한 일행들이 차관 앞에 모였다. 대나무가 많은 동네라 토끼만큼 큰 '대나무쥐' 요리 간판도 보였지만, 그 길에서 먼저 본 것은 먹거리보다 차 밭을 감싸는 운무와 수태다. 곳곳이 차밭인 것도 이방인의 눈을 사로잡았지만, 이곳의 또 다른 숨은 소득원은 수태란다. 실제로 차관 사장님도 수태로 연간 벌어들이는 수입이 상당하단다.

수태는 고산·습지에서 자라는 스파그넘(sphagnum) 이끼를 채집해 건조한 식물성 섬유다. 이곳에서 실제 재배하는 모습을 보면서 처음 접하는 수태다. 그도 그럴 것이 난을 키워보거나 석부작을 해본 적이 없으니 말이다. 재배용으로 쓰이는 형태는 크게 둘이다. 살아 있는 생 이끼는 색과 촉감이 신선하지만 관리하기가 어렵다. 반면, 가장 널리 쓰이는 것은 장섬유 건수태로, 길고 질긴 섬유가 일정한 두께와 밀도로 뿌리를 감싸기에 적합하다. 필요에 따라 잘게 부순 분태가 쓰이기도 하지만, 난 배양과 석부작에는 장섬유가 구조적 안정성과 통기성이 뛰어나 재배환경을 좋게 한단다.

위에서 언급한 대로 수태는 보수력과 통기성이 우수하다. 섬유 전체가 스펀지처럼 수분을 끌어안아 건조와 과습 사이의 완충재로 작동한다. 섬유와 섬유 사이의 공간이 크고 균일하여 뿌리가 호흡할 수 있는 공간을 높인다. 약산성의 pH는 대부분의 착생란과 산성 토양을 선호하는 식물에 적합한 환경을 만든다. 마지막으로, 스파그넘 특유의 항균성 덕분에 부패와 곰팡이 발생이 억제되는 효과가 있다. 염류 함량이 낮아 비료 과용으로 인한 뿌리 손상 위험도 비교적 적다. 수태는 '물은 머금

되, 공기는 통하게' 하는 드문 배양재가 된다. 수태의 성능을 가르는 기준은 산지보다 등급이다. 섬유 길이가 길고, 잡물과 줄기 비율이 낮으며, 색이 깨끗할수록 상급으로 분류된다. 칠레와 뉴질랜드산이 균일한 품질로 유명하고, 중국 남서부(귀주성을 포함한 일대)에서도 채집과 가공이 이루어진다. 이런 자료를 찾고 보니 다다티하우스에도 수태가 한 군데 있다는 것이 생각났다. 내부에 꾸며 둔 미니 정원에 인테리어 사장님께서 가끔 스프레이로 물을 뿌려 주라고 했던 이끼가 기억났다.

실제로 대나무밭으로 가는 곳곳의 밭은 수태 밭이다. 이미 수확한 밭과 이제 막 자라고 있는 수태 밭이 보인다. 잠에서 깨어나고 있는 마을을 벗어나자 멀리 폭포가 드라마 촬영지로 유명하다는 안내판이 있다. 촘촘한 대나무 마디 사이로 바람이 통과할 때 넷플릭스에서 보던 중국 드라마 장면이 겹쳐서 잠시 주인공이 된 듯 거닐어 본다.

바람이 불 때마다 가느다란 댓잎들이 서로 부딪히고, 햇살은 잎 사이로 스며들어 숲 바닥에 빛으로 떨어진다.

왜 하필 대나무숲일까? 내가 아는 대나무는 예로부터 군자의 상징이었다. 바람에 흔들려도 꺾이지 않는 그 절개는, 어떤 고난 앞에서도 기개를 잃지 않는 무인의 마음과 닮았다고 생각한 것은 그저 학습된 지식 때문이었다. 중국의 대나무는 문인화·시·정원 미학 등 중화권 문화의 상징으로, 생활 도구로 활용하기 위해 또 조경을 위해 꾸준히 심었던 이유는 단순하다. 대나무가 잘 자라는 자연환경과 오랜 식재·활용의 역사가 맞물렸던 것뿐이다.

중국은 기후가 받쳐준다. 여름엔 덥고 습한 몬순, 겨울은 비교적 온화한 아열대·난온대 지역이 넓다. 지형과 토양이 맞아 남동부의 완만한 산지·구릉, 배수 좋은 약산성 토양에서 뿌리(근경)가 빠르게 퍼진다. 거기에 대나무의 생장이 빨라 토사 유실 방지, 사면 녹화, 울타리 바람막이용으로 오래 전부터 심었다.

주변이 온통 대나무이니 생활 전반에서 쓰임도 크다. 집 짓는 자재와 비계, 발(簾), 소쿠리 같은 죽공예, 죽순 음식, 종이, 붓대, 젓가락, 차 도구에 이르기까지 내가 한국에서 사용하는 많은 제품 중에 중국산 대나무 제품이 절반 이상이 아닐까? 이쑤시개. 나무젓가락, 차가방, 차 도구, 차 판, 차 집게, 차통, 차 받침, 심지어 대나무 접시, 대나무 뿌리 다식통까지.

특히 이곳 귀주는 카르스트 고원으로 배수 좋은 비탈·계곡이 전체성 면적의 92%가 아닌가! 차밭과 대나무가 공생한다. 여름엔 차나무를 살짝 가려 차광·보습을 돕고, 마을 경제에서는 봄철 죽순이 현금 작물로 기능한다. 자연(기후·토양)이 바탕이 되고, 사람(식재·활용·산업)이 더해져 중국의 대나무 숲은 풍경을 넘어 생활·경제·생태를 떠받치는 녹색 인프라가 되었다.

대나무 숲길 옆에도 차나무가 많다. 찻잎을 하나 따서 오물오물 씹어가며 걷는다. 아침이라 멀리 가오자이 저수지에서 올라온 안개가 몸을 축축하게 감싸 올랐다. 이 습도가 사람의 피부도 보습시켜 주고 아름답게 하며, 찻잎에 좋은 환경을 제공한단다. 습도가 높은 곳에 사는 사람들이 피부가 좋다는 것도 일리가 있다. 그만큼 햇빛을 보지 않고 보습에도 영향을 미친다는 소리다.

 대나무숲의 길은 모두가 돌길이다. 길은 작은 돌이 박혀서 아기자기 예쁘기도 하고 넓은 화강암 같은 돌을 넓적넓적 박아 두어 정교하고 웅장해 보이기도 하다. 이 산속까지 아름다운 돌길을 왜 만들었을까에 대해 의문이 생긴다. 이 또한 기후와 환경이 작용한다.

귀주성은 비 많고 산 많은 기후·지형으로 연 강수량이 1,200mm 안팎으로, 습윤한 아열대 몬순성 기후다. 비가 잦아 흙길은 쉽게 미끄럽고 진창이 되기 쉬워, 배수·내구성 좋은 석재 포장이 발달했다. 카르스트(석회암) 지대라 돌이 흔한 중국 남방지역은 현지에 풍부한 석재를 집·담·길에 폭넓게 써 온 문화가 자리 잡았다.

역사 교통로의 유산인 서남부 산간을 잇던 '차마고도(茶马古道)' 구간엔 돌판 길이 남아 있고, 말발굽이 깎아낸 깊은 홈까지 있다. 산지·우천 환경에서 유지 보수를 위해 돌 포장이 널리 쓰였고, 이런 공법으로 조성된 길이 많다. 환경이 만들어낸 지혜로운 길이다.

 **Tea Note— 도균모첨(都勻毛尖)**

산지	중국 귀주성 도균(都勻)
분류	녹차
채엽기	청명(清明) 전후~우전(雨前) (방문일 4월 21일, 우전 막바지의 여린 잎)
외관	백모가 고르고, 작설형(雀舌)·낚싯바늘형(鱼钩) 선이 또렷함
제다	채엽 — 살청 → 유념 → 건조 (온도 조절과 유념 안정이 핵심)
향·맛	맑은 향, 고운 단맛, 미세한 미네랄 단맛, 긴 후운

제3부

봉강, 선인령의 바람

신인령의 차 공장 견학기

봉강(凤冈, 펑강)은 선인령 같은 고지대와 아연·셀레늄 녹차 브랜드를 축으로, 귀주 북동부에서 표준화된 녹차 산업을 선명하게 보여주는 현(縣)이다.

선인령으로 가는 길에 비가 내렸다. 이렇게 해서야 여행이 되려나 싶을 만큼 걱정스러운 차창을 스치는 시선 끝에 걸린 차밭에서는 우산 달린 모자를 쓰고 차를 따는 사람들이 보였다. 비 오는 날씨도 아랑곳하지 않고 차를 따는구나! 구불구불 차창으로 가는 길은 사람이 사는 땅보다 산이 많고 고산과 고산을 잇는 다리가 평지만큼 편하다. 중국 56개 소주민족 중에 가장 가난한 귀주(구이저우)성 "하늘은 3일 맑은 날이 없고, 땅은 3리의 평지가 없고, 백성 주머니엔 은전이 3냥도 없다."는 수식어가 따라붙는다. 그래서 만나는 사람마다 더 정이 가고 함께 더 많은 이야기를 나누고 싶었는지도 모른다.

선인령으로 가는 길에 우리는 다리인지 아닌지도 모를 평지처럼 느껴지는 다리를 수십 개는 건넜다. 귀주성은 교각의 성이다. 이번 기행에서 건넌 다리만 해도 백여 개가 되지 않을까. 귀주는 산과 협곡이 촘촘한 카르스트 지형이다. 평야가 드문 대신 골짜기와 강줄기가 끝없이 이어진다. 사람들은 이 산을 뚫고, 저 강을 건너야 했다. 그렇게 길은 터널과 교량이 번갈아 이어지는 형태로 놓였다. 고립된 마을과 도시를 잇고, 물류 시간을 줄이며, 관광과 산업을 키우려면 다른 선택지가 많지 않았다. 결과적으로 귀주의 도로 설계는 계속된 교량 + 터널이 표준이 되었고, 어떤 구간은 1킬로미터마다 교량이 1~2개씩 이어진다.

수치로 보면 규모가 더 분명해진다. 완공된 도로 교량만 따져도 약 2만 8천 개, 철도와 지방도로, 공사 중인 것까지 아우르면 3만여 개에 이른다. 세계에서 높은 다리 상위 100개 가운데 절반 가까이가 귀주에 서 있다는 사실도 이 지역의 지형을 말해준다. 귀주에서 다리는 풍경을 가르는 구조물이 아니라, 생활과 경제를 지탱하는 일상의 기반이다.

상징적 사례로 화강 협곡 대교(花江峡谷大桥, Huajiang Grand Canyon Bridge)가 있다. 깊은 협곡을 한 번에 넘어가는 이 다리는 주탑만 수백 미터에 달하는 초장대 교량으로, 귀주가 다리로 길을 만들어 온 방식을 압축해 보여준다. 산이 길을 막는 곳에서, 다리는 결국 길 그 자체가 되었다.

이렇게 수십 개의 다리를 건너 전파 마을에 닿았다. 전파 마을은 땅속 자원이 풍부한 곳이다. 아연·셀레늄 등 광물질이 풍부한 땅은 차밭에 생명을 불어넣고 찻잎에도 그 기운을 불어 넣는다. 흙에 포함된 미네랄은 잎의 풍미를 넓혀준다. 한 잔의 미세한 단맛 밤향 뒤에는 흙의 기운이 숨어 있다.

"천천히 덖어낸 손길이 향을 오래 붙든다."

우리가 도착했던 날은 이틀 내내 비가 내렸다. 가늘어졌다 굵어지는 빗줄기가 산을 감싸고, 공장 앞 연못에 동그라미를 수천 개씩 그리고 있었다. 차창에 도착하니 딸 소이라는 여성분이 빨간 카디건을 두껍게 차려입고 밤향이 진하게 나는 선인령 녹차를 우려서 차 대접부터 한다. 찻잎에는 아연과 셀레늄 함량이 높다고 했다.

찻자리는 건물 안이 아닌 호수

가 바라보이는 건물 실외 정중앙이다. 선인령 공장의 모든 스토리 시작은 이 호수 앞이다. 이곳 선인령은 93년에 차창을 세워 차를 만들기 시작했고, 2007년에 회사로 성장시켰단다.

    차만 만들던 시절에 사장님이 "물고기를 키우고 바라볼 수 있는 연못이 있었으면 좋겠다." 하고 파기 시작한 것이 큰 규모의 저수지가 되어 버렸다. 여기 사람들은 이 작은 저수지를 어항이라고 표현했는데, 이곳에서는 실제 5월 1일 노동절에는 물고기 잡기 대회를 한단다. 작년 첫 번째 낚시대회에서 1등 한 사람은 5,000위안의 현금과 선인령 회사의 최고급 차 세트를 받아 갔다며 은근히 자랑을 늘어놓는다.

선인령 공장 안으로 들어서자 금속의 온기와 차향이 한데 섞였다. 넓게 펼쳐진 위조대에는 찻잎이 펼쳐있다. 바람을 불어서 천천히 수분을 날려주는데, 남은 수분이 50% 될 때까지 위조시킨단다. 사실 이 부분은 내가 알던 녹차 제다와는 좀 다른데 이 이유는 다음 날 바로 알 수 있었다.

막 작업을 끝낸 차창 바닥에는 차호가 엄청나게 많이 모여 있었다. 그녀의 설명으로는 찻잎이 쫀쫀하고 특급일 때 호가 많다고 설명하는데 이 호를 쓸어 내는 밀대가 보통 밀대 10개는 합친 크기다.

살청 라인에서는 잎이 얇게 펼쳐져 컨베이어를 타고 지나가고, 증기의 "쉬익" 소리가 교차했다. 이곳 공장은 증기(증청)로 살청을 한다. 초청이나 증청 살청 방법은 다른 길을 택해도 결과물은 녹차다. 산 위에 공장에서는 솥에서 덖는 초청 녹차를 만들고, 이곳 공장에서는 대량화해서 증기로 익히는 증청 녹차를 만든다. 효소의 시간을 멈추는 일. 빠르게, 골고루, 그러나 과하지 않게 익혀 내는 일이다. 신선한 찻잎을 가장 신선하게 마시는 녹차 제다 현장에서 상세하게 설명을 들으며 공장 견학을 한다.

대형 유념기는 여전히 큰 소리로 돌아가고 공장은 쉼 없이 차를 가공하고 있다. 기계의 굉음으로 사람의 말소리도 묻힌

다. 이곳 선인령 차는 살청 후 두 번의 유념을 거치고 나면 3번의 온도 변화를 주어 홍건을 한단다. 이물질을 걸러 내거나 크기를 선별하는 것 모두 자동화 시스템으로 이루어져 있다. 마지막 단계 수분감이 5%에서는 포장을 한단다. 녹차는 함수율이 높으면 보관할 수 없고 맛이 변해 버리므로 함수율에 많은 신경을 쓰게 된다.

이곳에서 내가 오랫동안 궁금해하던 의문 하나가 풀렸다. 그것은 바로 유념기였다. 내가 알던 둥근 회전방식이 아니었다. 170도의 온기 속에서 드럼이 앞뒤로 셔틀처럼 왕복하며 잎을 수없이 흔든다. 잎과 잎이 서로를 문지르며 선을 숨기고 면을 만들고, 점점 작고 단단한 구슬로 말려 들어간다. 손에 올려 보면 매끈하고 팽팽하다. 빛을 받으면 살짝 윤기가 돈다. 주형(珠形)이라는 모양이 기계의 리듬을 정확히 설명한다. 그곳에서는 이렇게 만들어진 녹차를 진주차라고 불렀다. 마치 진주처럼 작고 검은 윤기가 돌았다.

비단 녹차뿐만 아니라 부분발효차인 청차도 그런 모양을 한 것이 있다. 대만기행에서 만난 진미다원의 가마차(伽馬茶)가 바로 그것이다. 모양을 보면 볼수록 어떤 기술일까 궁금했던 유념방식이다. 몇 년 전 녹차에서 주형으로 된 것을 종류별로 주신 교수님이 계셨는데, 그 방법을 물어보았을 때 이 방법은 국가 비물질문화유산이라 가르쳐줄 수 없다고 했던 기억이 난다.

이곳 선인령에서 중국도 이제는 대량 생산에서는 초청과 증청을 병행하고 있음을 확인한 셈이다. 초청이건 증청이건 핵심은 열을 재빨리, 균일하게, 잎의 심부까지 전달해 산화를 끊는 것이다. 그리고 유념은 그 멈춘 시간을 형태와 질감으로 굳힌 공정이라는 것이다. 증청의 촉촉함 위에 유념기의 박자가 얹히자, 잎은 윤기와 밀도를 갖춘 한 알의 차가 됐다.

유념기는 일정한 속도로 기계적 움직임을 이어 나간다. 공장 안은 금속의 탁음, 증기의 숨, 잎이 스치는 찰그락 찰그락

마찰음이 삼중주를 이루었다. 이번 기행에서 이 기계를 만난 것만으로도 배움은 충분했다. 향을 멈추고 맛을 올리는 기술이 '살청'이라면, 그 향에 옷을 입히는 기술이 '유념'이라는 사실. 나는 그 과정을 오래 기억하기로 했다.

여기서 잠시 유념의 목적을 말해 두고자 한다. 유념은 차의 모양을 만드는 한 과정인데 그 목적은 찻잎에 스크래치를 주어 잘 우러나게 하며. 찻잎의 모양을 바꾸어 주고 체적을 줄여 이동이 용이하게 한다.

다원에서 찍은 체험 삶의 현장

비가 와서 정상 다원으로 오르는 지름길은 포기하고, 소이 씨가 직접 일행의 차에 올라 우회로로 안내했다. 구불구불한 산길을 돌아올라 차해지심 (茶海之心) 근처 선인령 다원에 이르자, 창밖으로 펼쳐진 풍경이 한 덩어리 바다처럼 일렁였다. 비 사이로 금목서가 질서 있게 심겨 있다. 줄 맞춘 듯 일정한 간격으로 서 있어 차밭에서 살아 있는 리듬을 보는 듯하다. 바람막이와 그늘, 그리고 계절마다 흘러나오는 은은한 향, 나무의 자리는 단순한 장식이 아니라 다원의 흐름을 정리하는 것처럼 질서 있게 보였다. 9월 금목서 꽃이 피는 시기에는 도시 전체가 아름다운 향으로 넘실거린단다. 태어나서 이렇게 많은 금목서는 처음 봤다.

비는 초록의 명도를 한 톤 낮추고, 반짝임을 깊이로 바꾸어 마치 눈 앞에 명화가 펼쳐지는 것 같다. 길이 험하지 않았

던 건 아니다. 하지만 비가 주는 느림 덕분에 산을 느린 속도로 오를 수 있었다. 다원을 좀 더 자세하게 보았다.

    비가 거세게 내려 오후 일정인 찻잎 따기를 대신해서 찻자리가 길어졌다. 사장님과 후계자인 아들이 함께 앉았다. 물이 끓어오르고 잔이 돌았다. 사장님은 차나무 이야기를 먼저 꺼냈다. 운남과 귀주는 생태 문명의 천여지라고 한다. 귀주성이 낙후된 만큼 오염이 없고 환경상 나쁜 것이 없어 자연이 보호되어 온 장점이 있는 곳이란다. 그래서 찻잎 키우기가 좋다는 말이다. 그리고 이곳 선인령을 택한 이유를 말했다. 이 지역의 토양은 아연과 셀레늄이 많은데 식물에 관심이 많았던 사장님이 차산을 가꿀 때 가장 먼저 생각한 것이 토양이란다. 아연은 찻잎 속 효소 반응을 조절해 떫은 맛을 줄이고 단맛과 감칠맛을 돋운다. 그래서 아연이 많은 토양에서 자란 차는 맛의 여운이 맑고 부드럽다. 셀레늄은 향을 깊고 길게 끌어내는 역할을 한다. 첫 모금에서는 은은한 밤향이, 다시 우렸을 때는 단맛과 꽃향이 피어나는 것도 셀레늄의 작용 덕분이란다.

차밭에서 직접 잎을 비벼 향을 맡으면 그 차이는 더욱 뚜렷하다. 풀잎 향 너머로 은근한 단내가 번지며, 혀끝에 남는 감칠맛은 단순히 차나무 자체의 특성만이 아니라 토양이 빚어낸 결과임을 알게 된다. 결국, 차의 향미는 잎만이 아니라, 그 잎을 키워낸 흙과 미네랄의 땅을 알아야 한다는 것이다.

"어린 나무는 향이 앞서요. 산뜻하고 싱그럽죠. 오래된 나무는 수확량이 많지 않아요. 좋은 찻물은 혀의 옆과 뒤에서 달게 오래 버팁니다."

곁에 앉은 아들이 말을 보탰다.

"선인령 다원에서는 차나무의 수령을 15년으로 잡습니다. 그 전후의 나무가 가장 많이 수확되면서도 맛이 가장 청명하거든요."

그는 잠시 웃으며 덧붙였다.

"사람이나 나무나 나이 들어서 좋을 것 없어요."

빗줄기가 대지를 두드리는 소리를 배경 삼아, 부자는 밖으로 나가 직접 나무를 가리키며 묘목과 오래된 나무의 차이를 알려주었다.

마침 저 멀리 다원 언덕길이 분주해졌다. 광주리를 이고 내려오는 여인들이 줄지어 공장으로 들어섰다. 종일 따 모은 잎이 광주리마다 가득했다. 그들은 곧장 저울 앞에 줄을 섰고, 잎의 무게가 숫자로 찍히자 포스기에서 나오는 계산서 종이에 금액이 적혔다. 돈은 현장에서 바로 건네진다. 어마어마한 삶의 현장이다. 한 잎 한 잎이 곧 하루의 소득이자, 삶의 무게였다. 공장 안 불빛 아래 반짝이는 잎과 종일 비를 맞으며 채엽한 여인들의 얼굴은 이 산과 함께 살아가는 시간을 고스란히 담고 있었다. 단순한 '차 생산'의 풍경을 넘어, 차나무와 사람, 그리고 세대와 세대가 이어가는 삶의 방식이 눈앞에 있었다. 잎은 향이 되고, 향은 삶의 무게와 섞여 잔 속에 번진다. 그날의 장면은 차의 기록이 곧 사람의 기록임을 보여주었다.

저울 옆에 서 있던 사장님이 잎을 한 움큼 집어 올려 흔들며 말했다.

"너희가 마시는 '고수차'라고 하는 잎들도 이것과 같았지?"
차나무의 수령에 관해 묻던 일행들에게 오로지 '고차수'만을 고집하는 질문에 일침을 놓았다. 고수차, 대지차, 노수차 우린 엽

저가 다 이렇게 생긴 거 아니었냐는 사장님 말씀. 일행은 생산자가 직접 보여주며 하는 말에 반박의 여지가 없었다.

곁에 있던 아들이 설명을 덧붙였다.

"선인령 다원에서는 보통 4년에서 15년 된 나무가 가장 수확량이 많고, 차 맛도 가장 맑습니다. 어린 나무는 향이 산뜻하고, 10년이 넘으면 바탕이 탄탄해져요. 그런데 20년, 30년이 지나 오래된 고차수가 되면 이야기가 달라집니다. 찻잎은 귀해지지만, 수확량은 크게 줄어듭니다. 품질을 유지하려면 결국 15년쯤 되었을 때 갈아엎고 새 나무를 심습니다. 나무도 사람처럼, 젊은 시절에 가장 힘 있고 뚜렷하지요."

잎의 보습감과 탄력, 금목서 줄 아래 심어진 차나무들이 더 빨리 물을 털어내고, 비탈진 바람길에 자리한 잎이 먼저 가벼워지는 원리를 알려주었다. 비가 와도 물빠짐이 빨라야 하는 차밭 그제야 눈 앞 다원에 줄지어 심어진 차나무의 질서가 분명하게 보였다. 산의 질서는 결국 사람의 손으로 완성되지만, 사람의 손 또한 산의 시간을 배워야 했다.

선인령에서는 나무의 생태에 대하여 열심히 들었다. 사장님 말대로 4~15년 차나무는 수확과 품질의 균형점에 있다. 15년을 기점으로 수확량이 급격히 줄고, 관리비용이 늘어난다. 선인령은 이 지점에서 전면 갱신을 택했다. 오래된 고차수의 '희소한 이야기'를 쫓기보다, 지속 가능한 맛의 재현을 선택하는 운영 철학이다. 산의 향을 매해 같은 자리에서 길게 이어가려면, 다원의 시간표가 사람의 시간표와 맞아야 한다.

    비 내리는 저녁, 저울 위에서 잎의 무게를 재던 순간은 단순한 거래가 아니라 한 잔의 시작이었고, 선인령에서 차가 길러지는 방식을 이해하게 해준 한 장의 기록이었다.

    밤바람이 공장 벽을 스치고, 들여다본 공장 안 위조대의 작은 바람은 문밖 복도에서도 느낄 수 있을 만큼 은은하게 찻잎 향기를 피워 올렸다. 그리고 조금 전 아래 공장에서 들었던 수분감 50%까지 위조한다는 말뜻을 알았다. 비 오는 날도 이렇게 찻잎을 따고 공장의 시계는 멈추지 않는다. 사실 맑은 날 찻잎을 따면 녹차의 경우 위조라기보다는 살짝 찻잎에 열기를 빼주는 과정인 탄평만 거치면 되는데 빗물 가득 머금은 찻잎으로는 살청을 할 수 없으니, 위조대 바람으로 빗물을 말리고 찻잎의 수분감도 날려 보냄을 눈으로 보고서야 이해했다.

    이튿날 아침 눈뜨자마자 문을 열어 보았다. 처마 끝에 달린 홍등 뒤로 여전히 비가 그칠 기미는 없었지만, 우리는 잠깐 우비를 여미고 다원 가장자리까지 걸었다. 이곳의 산길을 걷다 보면 기후를 먼저 마시게 된다. 바람의 습도와 흙의 미네랄이 혀끝보다 먼저 폐로 스며드는 느낌. 그 맛을 놓치지 않으려고 나는 매일 일행보다 한 시간 먼저 일어나 주변 차밭을 걸었다. '그래 이 비마저도 우리를 반기는구나!' 마음을 고쳐먹었다. 어제 후계자인 아들에게 들은 말을 상기하며 다원을 바라본다. 금목서 줄 아래 잎들은 물방울을 더 잘 털어냈고, 비탈진 능선을 따라 빗물이 빠져나가는 것이 눈으로 보였다. 눈높이에 맞춘 전정, 채엽선의 고정, 물 빠짐을 돕는 미세 경사 등 작은 선택들이 모여 차의 세상을 연다. 우의를 하나씩 나눠 입고 찻잎 따는 현지인들 속에 줄을 이어가며 차를 땄다. 빗속의 잎 따기도 신났다.

 우리가 딴 찻잎은 그리 많은 양이 아니었기에 현지분들이 따 주신 잎을 보태서 제다체험을 했다. 여기는 전기 덖음 솥이 아니라 직접 장작불을 피워 차를 덖는데, 완전 옛 방

식 그대로다. 솥을 걸어 놓은 뒤쪽 벽에서는 불을 관리하는 사람이 따로 있어서 앞에서 차를 덖다가 "1번 솥 불 넣어." "2번 불 빼줘." "1번 불 온도 올려." "3번 불 낮춰." 요구에 따라 불 관리를 하고 있었다. 말은 간결했고 목소리는 높았고 행동은 빨랐다. 덖음 솥이 많다 보니 차창 안은 이런저런 고함이 뒤섞여 소란스럽다.

이날 우연하게도 지역 방송국에서 촬영하러 왔는데 사장님이 차를 덖는 모습을 직관할 수 있었고 나도 사장님과 나란히 서서 차를 덖는 영광스러운 장면을 연출했다. 그 프로그램을 보지 못한다는 것이 조금 아쉽지만, 함께 한 그 순간을 영광의 순간으로 기억하리라.

선인령은 기계 살청(증청/초청), 유념, 건조 공정을 가까이 볼 수 있는 곳이 많아 '기계화 vs 수작업' 비교를 위한 지역 견학처로도 활용되고 대학·연구기관의 현장 기술 지원이 이어지는 곳이다. 귀주대학교 차학원은 봉강 용안진(永安镇) 선인령 차원에서 품종 배치, 병해충 관리, 살청·발효 온습도 등 가공 공정 자문과 실습형 교육을 진행해 왔다.

 **Tea Note—선인령 노동 풍경**

재배환경	아연·셀레늄 등 광물질이 풍부한 땅에 금목서 열식으로 통풍·그늘·방향성 확보. 채엽선 고정, 배수를 위한 완만한 경사 유지.
수령 관리	수확·품질 균형점으로 약 15년을 상한선으로 운용 (전정·갱신 주기 엄수).
매입 방식	채엽 직후 광주리째 공장으로 입고 → 저울 개량 → 현금 정산. 작업 동선이 단순하고 빠르다.
품질 체크	수분감·백모·잎맥 두께·잎자루 탄력 육안/촉감 검사.
살청	초청(덖음 솥)·증청(증기) 병행, 핵심은 빠른·균일 열전달로 효소 활동 정지.
유념	왕복형 드럼(170℃) 앞뒤 흔들림으로 마찰·성형, 주형(珠形)의 밀도와 윤기 확보.
건조	완만·균일, 과열 방지. 3번의 온도 변화를 준 홍건. 수분감 5%까지 건조.
향·맛	밤향, 길게 이어지는 단맛과 깨끗한 후운.

제4부

귀양의 기억, 도균의 불빛

갑수루와 백자교

귀양(구이양)은 귀주성의 성도다. 귀양에 도착하면 가장 먼저 마주치는 풍경, 난밍강 위에 우뚝 선 갑수루가 아닐까 한다. 강을 끼고 살아온 도시의 옛 얼굴이 지금 여기로 건너온다. 숲이 도시를 감싸고, 고원과 산지와 구릉과 분지가 겹겹이 이어져 풍경의 변화가 끝이 없다.

갑수루에 도착한 시간은 늦은 저녁이었다. 흐린 역사 속으로 발을 들이는 순간이라 설레고 떨렸다. 급히 여장을 풀고 난밍강을 따라 한참을 걷다가 퍼붓는 비에 발길을 접었다. 대신 이튿날 아침, 거짓말처럼 맑아진 하늘 아래 강변을 한 시간 넉넉히 걸었다. 여행의 첫날은 난밍강에서 마지막 날은 검강에서 보냈다. 이른 새벽 잠을 줄이고 물가를 따라 한 시간 올라갔다가 내려온 산책은 등을 데우고 마음을 데우기에 충분했다. 강물은 탁하고 어두운 흙탕색이다. 이렇게 높은 고도에서 이렇게 탁한 물이라니 잠시 이곳에 인구 밀집을 생각해 보게 했다. 강을 끼고 빼곡하게 들어선 높은 건물과 빌딩 도시가 조용히 기지개를 켜고 일어나는 시간이다. 가볍게 러닝을 하거나 난밍강을 끼고 걷다 보면 물 위로 떠 오른 누각 하나가 시선을 붙잡는다. 전날 밤은 화려한 불빛으로 보았다면 이른 아침은 조용하고 장엄함으로 마주한다.

강 옆 산책로를 따라 이른 아침 운동하는 사람들, 낚싯대를 드리운 사람, 막 잡은 물고기를 들고 가는 사람. 그들의 속도 사이로 나도 천천히 때로는 빠르게 걸음을 옮겨본다. 여름의 혹서는 덜하다는 말에 옷을 어중간하게 챙기다 보니 날씨 맞히기가 어려웠다. 강폭은 넓고 산책로와 언덕을 따라 심어진 큰 나무들이 장관이다. 한국에서 보던 익숙한 식물들이 강을 따라 자라고 있어 걷는 내내 이름을 불러본다. 팔손이, 남천, 라일락. 갑수루 누각은 그 흐름에 멈춰서 역사를 보여준다.

흰 석축과 붉은 들보, 진녹색 기와, 층층의 갈색 난간, 날아갈듯한 누각의 처마. 붉은 홍등이 물 표면에 길게 비쳐서 물 위의 누각과 물 아래 누각이 함께 보인다. 바람이 잠잠하면 지붕 선이 물에 곧게 내려앉아 웅장함이 2배 크다. '갑수', 과거에 으뜸으로 빼어남을 뜻하는 두 글자에 이 도시가 오래 지켜 온 가치가 눌어 있다. 나는 강을 건너며 속으로 한 번 더 되뇌었다. "갑수루."

난밍강은 현지에서 '어머니 강'이라 부른다. 강 남쪽 바위 위에 선 갑수루는 물결을 등지고 서서 오랜 시간을 견뎠다. 밤에 보았던 화려한 강 위의 누각은 불빛과 조명으로 빛났고 웅장함은 대륙의 기품을 당당하게 세우고 있었다. 귀양 여행에서 돌아와 한참이 지난 지금도 눈앞에 선하게 나타난다.

갑수루의 초건은 명 만력 26년(1598)으로 올라간다. 산수의 아름다움에 반해 바위 위에 정자를 세우고 '갑수(甲秀)', 곧 '과거에 으뜸으로 빼어남'이라는 이름을 붙였다. 이후 여러 차례 중건을 거쳐 오늘의 형상을 갖췄고, 문화대혁명기의 격랑을 지나

다시 복원되었다. 지금의 건물은 3층 4각의 목조 누각이다. 붉은 들보와 녹의 기와, 층마다 흰 석난간이 멋스럽다. 처마는 날아오르는 새 꼬리처럼 가볍게 들려 있고, 기둥머리엔 용과 봉황의 조각이 단정하게 앉아 있다. 무엇보다 마음을 붙잡는 것은 자리다. 강 한가운데 솟은 바위 사람과 물, 도시와 시간이 만나는 경계 위의 누각이라는 사실.

 누각 앞으로는 석조 아치 다리가 강 양안을 잇고, 작은 정자와 강이 이어진 산책길이 있다. 예전엔 사방이 트여 멀리 산

능선까지 한눈에 들어왔다고 한다. 지금은 고층 빌딩이 프레임을 바꾸어 놓았지만, 그 고층 빌딩도 강의 흐름에 방해가 되지 않고 풍경에 거슬림이 없다.

강변을 한 바퀴 돌아 누각 아래 섰다. 현판의 글자 '甲秀樓(갑수루)'가 힘있게 떠 오른다. 편액의 글귀 '科甲挺秀(과갑정수, 과거에 장원급제하라)'가 곳곳에 보인다. 이 도시는 오래도록 학문과 교양을 도시의 품격으로 여겨왔다. 갑수루의 현판에 걸린 '科甲挺秀'는 단순한 장식이 아니라, 귀양이라는 도시가 오랫동안 학문과 과거제 문화를 중시해온 상징이다. 귀주는 교통이 불편하고 험준한 지형 때문에 경제적으로 변방에 머물렀지만, 지식과 학문을 통한 출세가 주민들에게 중요한 삶의 길이었다.

그래서 귀양은 일찍이 과거제 합격자를 기원하는 누각과 서원, 서당 문화가 발달했고, 문화와 교양을 도시의 품격으로 여겨왔다. 귀양은 안개의 도시로 불릴 만큼 습윤하고 기온이 온화하다. 아침 산책길에 두텁게 입은 옷이 부담스러울 정도다.

흙탕물 색깔의 강물이 혼탁함만 아니라면 분명 이곳은 힐링의 도시다. 이런 기후와 환경 덕분에 귀양은 청나라 이후로 요양과 휴양의 도시로 주목받았고, 2006년에는 중국 정부가 지정한 공식 '피서지(避暑之都)'가 되었다. 귀양이 학문과 요양을 중시하게 된 것은 험준한 지리적 한계를 지식으로 극복하려는 문화적 전통과 온화하고 습윤한 기후가 만들어낸 피서·요양의 조건이 맞물린 결과다.

 첫날 아침 난밍강의 갑수루를 만났다면, 여행의 마지막 아침을 장식한 것은 도균 검하강의 백자교였다. 도균에서 가장 오래된 이 다리는 당나라 때 당문생이라는 사람이 가문을 따

라 지었다고 전한다. 쉰을 넘기도록 자식이 없어 간절한 마음을 다리 짓기에 보탰고, 검하강의 171개 다리 중 첫 번째 다리를 세우겠다고 마음먹었다. 공사는 오 년이 걸렸고, 다리가 완공되기 전 아이가 태어났다. 다리가 생겼을 무렵 부인과 당문생의 나이를 합치니 꼭 백 살. 그래서 '백 세에 아들을 얻었다'라는 뜻으로 다리 이름을 백자교(百子橋)라 했다는 이야기다.

그 백자교 위에 차관을 연 일품명차창의 사장님, 일행들 모두 쉬 사장에게 늦은 밤 초청을 받았다. 불이 켜진 다리 위 차관에 들어서는 순간, 도시의 불빛과 강물에 비친 반짝임이 한데 어우러져 화려함이 극치에 달했다. 어디선가 흘러나오는 중국 음악은 이국의 밤에 흥취를 더했다. 황금빛으로 물든 백자교의 처마 끝마다 홍등이 달렸고, 입구의 문을 지나 안으로 들어서자 마치 작은 궁정에 든 듯했다.

차관은 다리의 중심부를 넓은 접대 홀로 꾸미고, 곳곳에 비밀스러운 방들을 숨겨 놓았다. 묵직한 의자와 테이블, 방마다 걸린 그림과 다구는 주인의 수집 취향을 말해 준다. 쉬사장은 이 자리를 얻기까지 지역의 고관들에게 적잖은 대가를 치렀다며 너스레를 떨었고, 그 사이사이로 중국 부호들의 생활 단면이 스쳐 지나갔다. 홀을 나와 난간에 서니 맞은편 풍우교의 불빛이 물 위에 비쳐 한층 더 아름답다. 멀리서 형형색색으로 색을 바꾸는 풍우교가 도시의 밤을 빛내고 있었다.

　차 한 잔을 앞에 두고 다리 위에서 바라본 강물은 조용히 흘렀다. 전설 한 자락과 오늘의 불빛이 겹치는 곳, 당나라 때부터 이어온 오래된 다리 위의 찻집에서 여행에 더 귀한 시간을 보내게 되었다.

　풍우교는 주로 동족(侗族)이 살던 지역에서 발전한 전통 목조 건축의 대표적인 다리다. '풍우(风雨)'란 바람과 비를 뜻한다. 단순히 강을 건너는 기능을 넘어, 교량·정자·회랑·누각이 결합한 독특한 건축양식으로 마을의 상징적 공간이자 생활문화

의 중심 역할을 한다. 풍우교는 못을 사용하지 않는 전통 목조 건축으로 장부맞춤(木榫, 목순) 방식으로 나무를 짜 맞추어 튼튼하게 건립된 다층 지붕과 누각으로 다리 위에는 2~3층 높이의 누각(亭阁)이 세워지고, 회랑에는 긴 의자가 설치되어 있다. 지나는 이들의 발길을 멈추게 하고 잠시 엉덩이 붙이고 앉게 한다.

짧게는 수십 미터에서 길게는 70~80m가 넘는 것도 있으며, 다리 자체가 건축 예술품으로 평가된다. 실제로 백자교가 바라보이는 호텔에서 하루를 자고 이튿날 새벽 산책을 하며 풍우교 앞에 섰을 때 다리의 웅장함이란 이루 말할 수 없었다.

이 다리는 강이나 하천을 건너는 통로 역할을 넘어 다리 위에 지붕과 벤치가 있어 마을 사람들이 비·바람을 피하며 휴식할 수 있다. 사회문화적으로 중요한 구실을 하는 다리는 사회공동체의 문화가 되었다. 주민들이 모여 담소하거나 회의하는 장소로 쓰였으며, 축제나 전통 행사를 열기도 한다. 심지어 다리 위에 카페를 운용하고 있지 않은가! 마을을 대표하는 상징물이자, 외부인에게 동족 문화의 정수를 보여주는 건축물이다.

풍우교는 귀주성, 광시성, 호남성 등 동족이 거주하는 지역에 주로 분포한다. 현재 중국 전역에는 100여 개 이상의 풍우교가 남아 있으며, 그중 일부는 국가급 문화재로 지정되었다.

풍우교는 '다리' 그 자체라기보다 건축·공예·사회문화의 융합물로 평가되어, 관광객과 학자 모두에게 매력적인 연구 대상이 되고 있다.

귀주성에서 만난 천복명차

갑 수루에서 석판가를 가기 위해 남쪽으로 차를 타고 한 시간 반쯤 내려왔을 때, 우연히 들린 귀정휴게소에서 중국 최고의 프랜차이즈 브랜드 천복명차를 만났다.

휴게소 초입부터 입이 떡 벌어지게 큰 자사호 분수에 셔터를 누르다가 '왜 천복명차가 귀주성에 있지?'라는 의문이 생겨나 그곳 직원과 몇 마디 대화를 나누어 본다. 천복명차가 귀주성에 선물했다는 큰 휴게소를 둘러보며 귀주성에 128만 평 다원을 조성하고 문화 프로그램을 만들어 가는 천복명차의 이야기를 듣게 되었다. 휴게소 옆에 천복명차의 대단지 다원이 있고 10년 전부터 다원 옆에 10개의 차 공장을 운영하며 차를 만들고 있단다.

천복명차를 잘 모르고 있는 일행이 있어 이곳에서 잠시 설

명해주었다. 내가 처음 천복명차를 알게 된 것은 2017년 북경 마리엔따오(馬連道)에서 였으니 내가 그를 알고 그의 차를 마신 지도 세월 제법 익어간다.

천복명차의 창립자 리위허(李瑞河)는 대만 난터우 출신의 차 농 가문에서 태어나, '두만(兩岸) 차의 왕'이자 '세계 차의 왕'으로 불리는 차 산업의 거장이다. 이 거장의 캐릭터 인형이 입구에 익살스럽게 서 있어 거장이라기보다는 친근한 아저씨 같다.

그의 가족은 대만에서 대대로 차 재배를 해 왔고, 스스로도 어릴 때부터 차와 함께 성장하며 차에 대한 깊은 이해를 쌓았다. 1961년, 리위허는 대만 타이난에 '천인명차(天仁茗茶)' 첫 매장을 열며 차 사업을 시작했다. 지금도 대만에 가면 곳곳에 천인명차가 있는데 요즘은 테이크아웃으로 각종 베리에이션 티도 많이 팔고 있다. 이후 1968년에 천인차업유한공사(天仁茶業有限公司)를 설립했고, 1980년대에는 차 예술 센터와 차 문화 관련 재단도 설립하며 차 문화 보급에 앞장섰다.

잘 나가던 천인명차가 1990년대 초반 금융 위기로 인해 큰 손실을 본 후, 1993년에 대륙으로 진출을 결정하며 중국 복건성(福建省) 장푸(漳浦) 현 판토(盤陀) 진에 '천복(天福)'이라는 이름의 기업을 세웠다. 천복'이라는 명칭은, 대만의 브랜드 '천인(天仁)'의 '천(天)'과 복건성(福建)의 '복(福)'을 합친 의미다.

그래서 대만의 천인명차의 브랜딩과 복건성의 천복명차의 브랜딩 결이 같다. 초록색 간판에 같은 글씨체라서 처음에 대만에 가서 천인명차 대리점을 만났을 때 많이 의아해했던 기억이 있다. 후에 대표가 리위허라는 것을 알게 되어 그의 사업 수완에 다시 한번 놀랬다.

이후 빠르게 직영점과 가맹점을 확장하여, 현재 중국 전역에 1,500여 개 직영·가맹 매장을 운영하는 차 업계의 거대 브랜드가 되었다. 올해 7월 23일에는 그가 복건성에 만든 '탕산에서 대만으로' 석조 공원은 종합적인 인프라, 우수한 환경 조

건, 다양한 건강 및 웰빙 자원, 그리고 철저한 안전 관리를 인정받아 복건성 삼림 건강 웰빙 기지로 선정되었다. 이 공원은 복건성 임업국, 민정부, 위생위원회, 총노조연합회, 의료안전국으로부터 '복건성 삼림 건강 웰빙 기지' 명패를 공동 수여받은 것이다.

 차(茶) 산업에 그치지 않고, 리위허는 교육·문화·의료·관광 등의 분야로 사업 영역을 확장하며 천복차문화산업단지를 만들어 차 전문 직업학교(장푸 차 학원, 후에 장저우 과기대)를 설립하고, 차 박물관 및 하이웨이 서비스 존, 병원, 웰빙 문화촌 등을 건설하며 지역사회 공헌을 늘렸다.

석판가 – 걸으며 듣는 묘족의 시간

천 복명차에서 간단하게 차 한잔을 비우고 다시 길을 잡으며 생각했다. 오로지 차 하나로 외길을 걷는 우직한 사람이 일구어낸 거대한 시장을 그리고 서에서 동으로 흘러가는 찻잎의 여정을 그려 보았다. 그런 생각을 품은 채 석판가의 초입에 섰다. 누가 설명하지 않아도 여기가 석판가임을 금세 알 것처럼 돌길은 세월을 머금어 보석처럼 빛나고 있다. 햇살에 반짝이는 돌바닥이 역사를 읽어준다. 석판가의 문화는 건물이 아니라 반질반질 한 돌 위에 발자국으로 남았다.

돌로 반듯하게 다져 올린 길은 오래된 책의 첫 장 같았다. 큰 화강암 판들이 높낮이를 달리하며 골목의 곡선을 만들고, 검은 기와와 목조 담장의 고가들이 빼곡하게 어깨를 맞대고 앉아 있었다. 발바닥으로 전해지는 반질반질한 감촉 때문에 일행들은 본의 아니게 속도를 낮췄다. 이번 기행을 위해 특별히 운동화를 샀었다. 급한 이유가 없는 오전이었고, 이 길을 더없이 천천히 걸었던 이유는 너무 반질반질해서 자칫하면 미끄러질 것 같다는 생각이 들어서다.

처마 끝 홍등이 바람을 받아 가볍게 흔들리고, 집마다 알록달록 내건 화려한 장식들이 조화를 이룬다. 기와 사이로 스민 빛이 돌판 위를 얇게 씻어 내렸다. 한가로운 상점 주인은 문지방 앞에 앉아 은실을 꿰고, 가게마다 차를 마시는 모습은 여유로워 보였다. 여행자에게 흔히 먼저 다가오는 기념품 가게의 번잡함보다 이 골목에서는 사람 사는 모습이 먼저 보였다. 내가 본 모습은 관광이 아니라 거주에 가까웠다. 그다음이 기념품 잡화점의 모습으로 크게 다가왔다.

골목에는 묘족의 전통의상을 체험할 수 있게 옷가지를 내걸어 놓은 상점들이 즐비하다.

일행들은 모두 여행자가 아니라 묘족 여인처럼 그들의 옷을 입어 보았다. 일행들은 제각각 자신들이 원하는 색깔을 골랐는데, 나는 유난히 붉은 옷을 골랐다. 곱게 수놓은 화려한 천이 어깨를 감싸고, 무거운 은목걸이가 가슴 위에서 늘어졌다. 걸음을 옮길 때마다 머리에

쓴 모자의 은장식이 작은 종소리를 내며 부딪혔고, 그 울림이 돌길 위에 퍼졌다. 순간, 나는 그들의 삶 한가운데에 들어선 듯한 기분이 들었다.

　화려한 색깔의 의상, 그보다 더 화려한 은 장신구는 그들의 옛이야기를 전해주고 있다. 내가 입은 붉은 천 위 촘촘한 자수가 어깨를 단단히 잡아주고, 은장식이 내는 또륵또륵 소리가 걸음마다 붙었다 떼었다 했다. 옷자락이 바람을 받는 순간 시간은 거꾸로 흐르는 듯했다. 지나던 이들이 짧은 눈인사와 웃음을 건넸고, 낯선 이방인이 금세 동네 사람이 되었다. 옷 하나가 백 마디 설명보다 더 깊은 공감을 건네는 때도 있다.
　왠지 모를 따뜻함과 아픔이 전해져 와 잠깐 동안 울컥해졌다. 바늘땀 사이사이에 박힌 노동과 기억이 피부로 전해지고 내가 지금 이곳에 있음이 감동으로 전해져 왔다. 그날 나는 옷이 장식이 아니라 삶이고 생존이라는 느낌을 받았다. 갑자기 눈물이 났다. 일행들은 모두 내가 전생에 묘족이었을 거라고 놀렸다.

　돌판을 밟을 때마다 아주 오래 전 옛날에 닿아 있는 느낌, 그 미세한 울림이 내 마음을 울렸다. 빠르게 비워 내고, 채워

넣는 일. 골목은 그렇게 걷는 법을 가르쳤다. 그래서 일행들의 걸음 속도가 더 느려졌는지도 모른다. 머리 장신구의 짤랑짤랑 울리는 소리가 귓가에서 듣기 좋은 음으로 울려 퍼졌다.

　돌판은 무심하게 단단했고, 골목은 조용히 길었다. 오래된 집의 창살 사이로 흐르는 바람이 작은 소리를 냈고, 일품명차관의 문턱에서는 뜨거운 차향이 피어올랐다. 차관 안의 시간은 바깥보다 한 겹 더 느렸다. 바쁠 것 없는 주인장이 우려내는 차는 그윽하다. 공도배(公道杯) 안의 찻잎이 돌판의 무늬처럼 조용히 흔들렸다. 묘족의 옷을 입고 차관에 들어가 한 시간 남짓 그들의 이야기를 듣고 차를 마셨다. 이 골목에서는 '지나는 사람'도 곧 '머무는 사람'의 속도로 바뀌었다. 그 시간 그 옷을 입고 그 차를 마시는 느낌은 눈물겨운 일이었다.

　묘족의 역사와 문화는 중국 소수민족의 빛나는 유산이라 느끼고 석판가에서의 여행을 마무리하며, 묘족의 깊은 역사와 문화적 의미에 대해 생각해 보지 않을 수 없었다. 이들은 중국 내 수많은 소수민족 중에서도 특별한 위치를 차지하고 있다.
　이번 기행에서 산 넘고 또 산을 넘어 다원을 갈 때마다 묘족을 많이 만났다. 그들은 소수민족이라고 기죽지 않았고 오히려 자랑스러워했다. 다음에 나올 몽강 선생이 그중 대표이다.

그는 우리를 만나기 위해 푸른색 무늬의 묘족 옷을 입고 기다리고 있었다.

묘족의 역사는 절대로 평탄하지 않았다. 중국 중심부에서 밀려나 끊임없는 전쟁과 억압을 겪으며 남쪽 깊은 산속으로 숨어들 수밖에 없었던 민족. 청나라 시절, 세금을 거부하고 자유를 지키기 위해 일어섰던 '묘민 봉기'는 수십만 명의 희생을 남겼다. 결국 많은 이들이 고향을 떠나 베트남, 라오스, 태국으로 흩어졌다. 이 돌길은 단순한 길이 아니라, 수백 년 동안 이어져 온 유랑과 눈물의 흔적일지도 모른다.

그러나 그들의 삶은 단지 비극으로만 남아 있지 않았다. 지금 내가 입은 이 옷, 그리고 몸을 장식하는 은세공이 그 증거였다. 은은 묘족에게 단순한 장식이 아니라 부와 축복, 악귀를 막는 힘이었다. 결혼식 날 신부는 은 장신구를 온몸에 걸쳐 마치 은빛 갑옷처럼 빛난다 했다. 수 킬로그램이나 되는 장신구의 무게는, 아마도 세대를 넘어 이어온 자부심의 무게가 아니었을까.

나는 돌길을 걸으며 생각했다. 은세공은 단순히 아름다움을 위한 것이 아니라, 그들의 정체성을 지키기 위한 방패이자 기록이었다. 전쟁과 이주의 아픔 속에서도, 묘족은 은빛 장식에 용과 봉황, 꽃과 나비를 새겨 넣으며 자신들의 이야기를 잊지 않았다.

　수많은 도전과 변화를 겪으며 그들만의 독특한 문화를 형성해왔고, 이런 과정에서 묘족 특유의 강인한 저항 정신과 창의적인 생활 방식이 발전해 왔다. 오늘 내가 입었던 그 화려한 의상도, 들었던 그 독특한 음악도 모두 그들의 역사가 만들어 낸 결과물이다.

　이제 묘족의 문화와 전통은 중국 내에서뿐 아니라 전 세계적으로도 큰 관심을 받고 있다. 그들이 천천히, 그러나 확실하게 자신들의 독특한 정체성을 세계에 알려가는 모습은 정말 인상적이다. 이번 여행을 통해 묘족의 화려한 전통의상부터 고유한 음식 문화, 그리고 깊은 역사적 배경까지 경험할 수 있었다. 이런 경험은 중국의 문화적 다양성과 풍요로움을 이해하는 데 중요한 열쇠가 되었다.

　묘족의 매력은 단순히 그들의 독특한 생활 방식에만

있는 것이 아니라, 그들이 가진 강한 정체성과 문화적 자부심에서 비롯된다. 고유한 전통을 지키면서도 현대와 조화를 이루는 그들의 모습에서 진정한 문화적 자신감을 느낄 수 있었다.

석판가에서 묘족의 의상을 입고 차도 마셨고 두꺼운 고서의 첫 장 같은 돌판 길도 거닐면서 유독, 이 중국에 돌판 길이 많은 이유를 생각해 보게 된다. 차마고도는 비 많고 경사가 심해 흙길이 쉽게 무너진다. 그래서 물을 빼고 침식을 막으려 돌을 깔았다. 돌길은 말·노새가 미끄러짐을 줄이고, 주변에서 쉽게 나는 석재를 최소한으로 다듬어 써 오래 견딘다. 환경이 길의 재료를 정한 셈이다.

유산으로 남은 '돌길'은 이곳 이외에도 많다. 홍콩, 윈난(云南, 운남)·구이저우(贵州, 귀주)·쓰촨(四川, 사천) 각지에 '석판로(石板路)'로 지정된 구간이 다수 남아 있고, 일부 구간에선 말발굽 자국까지 보존되어 있다.

제5부
칭탕촌 고차수
- 능선 위의 차향 -

칭탕마을 사람들

두 봉산 칭탕마을로 가는 굽은 길은 한국의 여느 산골길과 닮아 있었다. 고요하다고 느낄 즈음, 갑자기 풍경이 터졌다. 노란 유채밭이 끝없이 이어졌다. 노란 물결이 차창을 가득 채워 마을 어귀까지 동행했다. 기행에서 돌아와 보름 남짓 지났을 때 TV에서 방영하는 〈세계테마기행〉에서 같은 장면을 다시 만났다. 방금 다녀온 마음에 감동이 두세 겹 더 두툼해지고 반가웠다.

칭탕마을에 닿자 공장 마당 한쪽에는 방금 딴 잎이 햇살을 받아 위조 중이었다. 실내는 발효 향으로 가득했고, 양총 사장은 유념을 마친 홍차를 발효대에 고르게 펼치고 있었다.

마치 그림 같은 풍경이다. 한쪽 벽을 가득 채운 덖음 솥, 위조대 가득 펼쳐진 생찻잎과 마당 가득 포개진 채반 오늘 밤 이

들은 얼마나 오래 유념을 하고 향을 지키며 깨어 있을지, 풍경만으로도 알 수 있었다. 사장님은 어젯밤도 새벽녘에야 눈을 붙였다고 했다. 오늘 밤도 비슷할 거라며 웃었다.

양충 사장이 일손을 거두고 일행을 안내하며 슬슬 다원으로 올랐다. 양충 사장이 앞서고 우리는 뒤를 따랐다. 길옆 작은 민가에서 강아지들과 병아리들이 마당을 누볐다. 귀엽고 신기했던 건 엄마 닭만 가둔 작은 가두리.

"병아리들이 엄마를 따라다니면 다칠 수 있어요. 병아리들이 클 때까지만 엄마를 가둬 두어요. 그래야 새끼들이 마당에서 마음껏 놀아도 멀리 가지 않고 안전하거든요."

오지의 살림에는 몸으로 배운 지혜가 스며 있었다.

비탈을 더 오르자 자생 차나무밭이 나타났다. 어디선가 날아온 씨앗이 스스로 밭을 이룬 곳. 사람 키를 훌쩍 넘는 나무들도 보였다. 최소 오십, 길게는 백 년 가까운 나이의 고목이라고 했다. 이 나무들로 만드는 차를 사람들은 도균노수홍(都匀老樹紅)차라 부른다. 잎에 벌레가 스친 흔적을 보여주며 사장님이 말했다. "이게 원생태의 증거입니다." 차밭 곳곳에서 사람들이 손채엽을 하고 있었고, 우리는 길가에서 "니하오!" 인사를 건넸다.

칭탕의 산길은 돌이 만든 길이었다. 큰 바위와 암반 위로 길이 나 있어, 미끄럽고 습기가 많았다. 대신 배수는 훌륭했다. 돌 틈에 뿌리를 내린 나무들은 키는 낮아도 수령이 깊다고 했다. 이곳 차나무는 중대엽종이 많고, 대개 봄차를 주력으로 만든다. 여름 차로는 5월 중순쯤 열흘 남짓만 따서 쓴다고 했고 다른 지역처럼 억지로 재스민 티는 만들지 않는단다.

오지의 재배지답게 사람 손이 늘 넉넉한 건 아니었다.

"이 동네에서 잎 따는 분이 쉰 명 남짓이에요. 공장으로 들어오는 잎이 하루 이백 근 정도 되는데 차 밭의 잎을 결국 다 못 땁니다."

아침마다 인근 지역 사람들이 전동차를 타고 와서 잎을 따고, 저녁에 팔고 간단다. 노동의 모습이 그대로 차가 되었다.

사장님은 길 중간중간에서 잎을 보여주며 설명을 보탰다.

"1아 2~3엽을 기준으로 차를 만드는데 봄엔 차향이 더욱 좋아요. 고목은 양은 적어도 차향이 두툼합니다."

양총 사장이 한줌 따서 비빈 찻잎 한 줌을 향과 함께 건네준다. 비빈 뒤라 그런지 향이 특히 또렷했다.

차밭 끝 즈음 길가 보랏빛 순무꽃이 한 무더기 피어 있었다. 이국땅에서는 이것조차도 아름다움으로 다가온다. 조금 더 내려 왔을 때 산에서 나온 물이 작은 호스를 타고 흘렀다. 손을 모아 물을 받아 마셨다. 달고 가벼운 맛.

"동네 사람들 찻물도, 생활 물도 이 물을 써요."

물 한 모금이 동네의 살림 속까지 알려주었다.

다원을 다 빠져 나올 즈음 나타난 허름한 집 마당에 들어서니 주민들이 저녁을 즐기고 있었다. 반가운 인사를 건네자 바로 손짓이 온다. "들어와요!" 마당 가운데 둥근 나무 상에 술과 고기가 이미 차려져 있다. 열댓 명쯤 되는 사람들이 일행을 반기며 술잔부터 권한다. 쌀로 담근 술이 작은 잔에 흘러들고, 첫 모금이 목을 타고 내려간다. 순하게 넘어가다가 뒤끝이 뜨겁

다. "이걸로 취하면 이틀은 자야 해요." 누군가 웃으며 말한다. 잔이 금세 다시 돌아온다.

안주는 두 해를 부엌 들보에 걸어 말린 훈연한 돼지고기란다. 고기를 얇게 썰어 접시에 담아 두었는데 쉽게 젓가락을 대기가 겁나는 모양새다. 용기 내어 한 점 입에 넣자마자 훈연의 향이 코끝을 찌른다. "하오츠, 하오츠." 말이 먼저 튀어나온다. 상 위는 금세 따뜻해졌다. 모두가 온종일 잎을 따고 모여 앉은 자리, 지금은 밥과 술 한 잔 나누고, 밤이면 다시 차를 만든다고 한다. 이 집의 저녁은 그렇게 노동과 환대가 뒤섞였다.

마을 사람들은 우리가 술 한 잔 잘 마시는 걸 보더니 밥통을 안고 나온다. "많이 드세요." 사실 선뜻 먹겠다는 소리가 안 나왔지만, 일행 중에서 내가 대표로 탕을 먹어 보겠다고 했다. 아마도 술 한 잔의 취기에 용기가 생겨났는지도 모른다. 숟가락이 내 손에 쥐어지고, 모두가 살짝 겁내던 탕 한 그릇이 내 앞에 놓인다. 낯선 맛이지만, 낯설지 않게 한 숟갈 크게 떠서 밥과 함께 넘긴다. 고개를 끄덕이며 웃으니, 마당 여기저기에서 박수가 터진다. 우리나라에서 정말 양념 별로 하지 않고 별 맛 없게 끓인 토끼탕 같은 느낌이지만 아주 맛있는 표정을 지으며 밥 한 그릇에 국물을 먹어냈다. 이런 나를 마을 사람들은 신기한 듯 쳐다보며 연신 술잔을 권했다.

어느 순간 우리를 안내했던 양총 사장의 어깨가 쑥 올라간다. 주객이 바뀐 듯, 우리가 상을 주도하고 그분들이 우리를 구경한다. 술잔이 부딪치는 소리 사이로 누군가 말한다. 손님이 오셨으니 노래 한 곡으로 환영의 뜻을 전하겠단다. 이곳의 노래는 즉석 권주가다. 가사를 바로 지어 부른다.

"이 마을 이 집에 왔으니 오늘 술 한 잔 올립니다~~."

잔이 또 돌아오고, 우리는 남행열차 노래에 흥을 곁들인 춤사위로 화답했다. 금세 후렴을 서로 따라 부르고, 웃음이 마당

을 가득 채웠다.

  나는 손에서 핸드폰을 놓지 못했다. 한 시간이 훌쩍 지나도록 영상을 담아냈다. 하늘빛, 얼굴, 잔, 고기, 웃음. 나중에 한국에 돌아와 다시 보니 그날의 열기와 냄새까지 되살아난다. 마지막엔 모두 일어나 단체 사진을 찍었고 어깨와 어깨가 닿고, 누가 먼저랄 것도 없이 "하나, 둘, 셋." 셔터 소리와 함께 박수가 터진다. 멀리서 찾아온 인연을, 한 장의 웃음으로 묶어 두었다.

집을 나설 때, 마당 끝에서 모든 가족이 손을 잡아주며 인사해 준다 "짜이찌엔!" 우리는 여러 번 고개를 숙이며 골목으로 내려왔다. 뒤돌아보면 아직도 상 위엔 술과 음식이 가득하고 사람들 웃음이 저녁 공기 속에서 오래 남아 있다. 그날의 술은 분명 독했지만, 기억은 부드럽게 남았다.

칭탕마을 뚜윈훙

마을 사람들의 뜻밖의 환대를 뒤로하고 차창으로 돌아오니, 아래층 공장에서 홍차의 발효 향이 한껏 올라오고 있다. 깔끔하게 차려진 찻자리에 앉아 양총 사장이 직접 우려 주는 녹차와 홍차를 번갈아 마셨다. 조금 전 마을에서 마신 술기운이 찻물 속에서 서서히 풀렸다. 사장은 잔을 비우는 우리의 속도를 보며 사람 좋은 미소를 지었다.
"이제 얘기를 해볼까요."

뚜윈훙(都勻紅)의 제다방식을 천천히 설명해주는 사장의 설명을 따라 함께 차를 만드는 기분이 든다. 채엽 → 위조 → 유념 → 산화(발효) → 1차 건조 → 홍배(烘焙) → 안정화.

홍차 제다의 큰 원리는 같지만, 날씨와 원료 상태에 따라

조정 폭이 크다.

"고정값은 없어요. 그날의 잎과 날씨 주어진 환경에 따라 어떤 수치나 숫자에 연연해 하지 않고 느낌으로 정합니다."

사장은 특히 건조와 홍배를 나눠 설명했다. 1차 건조는 약 100°C에서 2시간 내외로 수분 골격을 잡고 향을 끌어 올린다면 맛을 잠재우는 홍배는 75~80°C에서 1시간씩, 보통 세 차례 진행한단다.

"우리는 사흘에 걸쳐 세 번 '향 메김'을 하기도 해요. 오늘 막 우린 잔이 싱겁게 느껴질 수 있어요. 반년 뒤가 진짜 맛이

니까요."

그는 어제 완성한 홍차를 가리키며 덧붙였다.

"3일에 3번 향 메김을 했어요. 지금은 맛이 잡힌 건 아니지만, 여섯 달 뒤엔 더 단단해질 겁니다."

아직 맛이 들지 않은 차를 내어주는 것은 아마도 원재료의 우수성과 제다의 자신감을 가감 없이 보여주는 것이리라.

궁금함에 질문을 던졌다.

"온도는 얼마나 중요합니까?"

사장은 고개를 저었다.

"홍차 맛과 향의 70%는 위조에서 결정돼요. 온도는 맛을 안정화하는 방법일 뿐, 진정한 차 맛은 차밭의 찻잎이 최우선이고 그다음은 위조이며. 숫자는 참고할 뿐 제다실에서 결정은 감각이 해요."

역시 차 산지에서나 들을 수 있는 명답이다.

양총 사장은 평생 시내에서 도매업을 하다 4년 전 고향으로 돌아와 차를 시작했다고 한다.

"이 마을은 원료가 좋고, 환경이 좋고, 차가 스스로 자랄 조건이 좋아요."

공장을 만들고 차를 가공하면서 지역 사람들이 따오는 찻잎을 수매한다. 그가 이 마을에서 마을공동체처럼 움직이며 많이 사람들이 포기했던 찻잎 따기를 다시 시작했고 수입원을 늘리고 있어 몇 년만 더 지나고 이 지역을 다시 온다면 아마도 이 마을의 분위기는 완전히 달라져 있지 않을까. 우리는 "양충!" "양충!" "양충!" 연호로 외치며 그의 사업을 진심으로 응원했다.

이렇게 해서 농가에서 바로 직거래로 받는 원료 도매가는 1근(500g) 300위안 정도지만 시장에선 더 비싸진다. 명성 값을 치르는 차들이 있다며 운남 보이차 유명 교목 차가 비싼 이유를

설명하면서도, 그는 자기 산의 나무를 믿는다고 했다.

    조금전 차 산에서 보았지만, 돌이 많고 물 빠짐이 잘되는 산 교목의 원재료의 우수성을 믿으며 정직하게 제다하고 나면 그의 차는 매년 예약금으로 선주문이 끝난다. 막 만든 차를 바로 꺼내 대접하는 태도에서, '팔기 위해 설명하는 사람'이 아니라 품질에 자신 있는 사람의 여유가 보였다.
    도시에서 사업을 할 때 운과 기회가 좋아 돈을 많이 벌었지만 늘 쫓기는 마음이었기에 비록 고향 칭탕마을이 시골이고 삶이 열악하기는 하지만 차 일을 한 것이 올바른 선택이고 가족과 함께 삶의 여유를 가지고 살 수 있어 차 산업이 좋다고 말했다
    "차는 윤회해요. 중국 경기가 흔들려도, 차는 매해 성실하게 돌아옵니다. 매년 돌고 도는 차의 윤회를 믿어요."
    해석이 어렵긴 한데 이 말속에 양총 사장의 철학이 깃든 것 같다. 양총 사장의 차는 '윤회'한다. 양총 사장이 한 이 말은 멋진 수식어가 아니라, 그가 매일 몸으로 확인하는 삶이다. 산은 봄마다 같은 자리에 잎을 올리고, 사람들은 같은 시간에 광주리를 메고 올라간다. 채엽 → 위조 → 유념 → 발효 → 건조 → 홍배 → 숙성, 공정의 순서도 변하지 않는다. 그런데 잔에

담긴 맛은 해마다 조금씩 다르다. 날씨가 다르고, 바람의 방향이 다르고, 사람의 손이 다르기 때문이다. 결국, 윤회란 똑같이 돌아오되, 조금씩 달라지는 귀환을 뜻한다. 돌아옴과 변주의 공존. 양총 사장의 철학은 그사이의 균형을 지키는 일에 있다.

그는 '희소성보다 현실성'을 말한다. 오래된 고목의 이야기와 명성의 가격을 알면서도, 칭탕 마을의 야생차를 지켜 나가는 것. 한 잎의 내포성과 한 해의 안정된 프로파일을 동시에 얻기 위해서다. 해마다 비슷한 맛을, 전년보다 반걸음 나아진 품질로 내놓는 것. 그 반복이 신뢰를 만든다고 믿는다. 그래서 온도·시간의 숫자는 참고일 뿐, 잎의 상태와 공기, 습도를 읽는 감각이 최종 결정을 내린다. 윤회하는 것은 공정이 아니라 감각의 숙성이다.

윤회는 사람의 삶에도 닿아 있다. 아침마다 전동차를 타고 와 잎을 따는 손, 저녁이면 저울 위에서 하루를 확인하는 눈, 밤에는 시간 앞에 서서 향을 지키는 등. 한 잎이 노동의 임금이 되고, 그 임금이 다시 다원의 내일을 만든다. 차 이야기는 여기서 끝나지 않는다. 마을의 술상 위에서, 노래 사이에서, 손님과 현지인이 건배를 나누는 자리에서 다시 채워진다. 향은 잔에서 사라지지만 기억으로 남고, 기억은 다음 해의 손놀림을 바꾼다. 이것이 양총 사장이 말하는 윤회의 또 다른 층위다.

 좋은 차는 결국 좋은 사람이 만든다. '숫자보다 성실, 설명보다 일상.' 사흘에 나눠 세 번 '향 메김'을 하고, 반년 뒤에야 비로소 제맛을 찾는 시간을 기꺼이 기다린다. 예약으로 먼저 다 팔리고도 막 만든 차를 아낌없이 꺼내어 권하는 것은, 팔기 위한 자신감이 아니라 과정에 대한 확신이다. 차가 매년 돌고 도는 것처럼, 신뢰도 매년 축적된다는 믿음. 그래서 그는 "차는 윤회한다."라고 단정한다.

 자라나고, 따고, 만들고, 쉬고, 마시고, 다시 자란다. 잎의 윤회, 맛의 윤회, 사람의 윤회. 그 원 안에서 변하는 것은 감각의 깊이이고, 변하지 않는 것은 산을 향한 태도다. 양총 사장이 지키는 철학은 결국 한 생각이 아닐까? 돌아오는 것을 믿고, 오늘 할 일을 정확히 한다. 그러면 내년의 잔이, 올해보다 한 겹 더 진해진다. 그것이 번잡한 도시에서 경쟁하며 요행을 바라고 사는 그것보다 자유롭게 행복한 일이다.

 그가 강조한 내포성(잎의 지속력)은 두 가지다. 첫 번째는 원료 — 나무의 물질과 수령. 어릴수록 향은 화사하지만, 내포성은 약하고, 오래될수록 내포성이 단단해진다.

 두 번째는 공정 — 위조·발효의 과정에서 잘 만들어야 맛이 균형 있고 내포성이 생긴다는 것이다.

"온도보다는 상태를 읽는 감각이 좌우합니다."

막 차에 대해서 진지하게 설명하려고 하는데 마을 사람들이 종일 딴 찻잎을 팔러 왔다. 양총 사장이 얼른 공장으로 내려가 생잎을 매입하는 사이, 나는 팽주(烹主, 차를 준비하고 차를 우려서 손님에게 대접하는 역할을 맡은 사람)가 되어 잔을 돌렸다. 로컬 시장이라 외지 상인은 드물고, 아침마다 전동차를 타고 온 이들이 잎을 따서 저녁에 팔고 돌아간다.

"하루에 200근쯤 들어와요. 사람이 모자라 결국 다 못 따죠."

잔을 돌리며 사장의 말을 곱씹었다. 이 마을의 경제는 오늘도 한 잎 한 잎에서 시작됐다.

Tea Note—뚜윈홍(都匀红) 칭탕

원료	중대엽종 중심, 자생·반자생 차나무 혼재(고목 일부 포함)
공정	채엽 → 위조(습도·통풍 중시) → 유념 → 산화 → 1차 건조(≈100℃·~2h) → 홍배 75~80℃×1h × 3회 (일반 가이드, 날씨·원료 따라 가변)
향·맛	맑은 단맛, 젖은 목질의 얇은 그늘, 내포성 5~7탕
숙성	제조 직후에는 가볍고 6개월 전후에는 단맛과 향이 깊어짐
우림	90~92℃ / 3~4g·150mL / 25~40초 시작, 이후 짧게 늘려가기

제6부

미답, 다예사의 흑차

미담 - 다예사 향옥 선생님의 마당에서

오후에 도착하니 향옥 선생님이 마당 한쪽의 벤치에 과일을 한가득 내어놓는다. 바나나, 귤, 수박. 일정 내내 튀김과 탕 위주로 먹다 처음 만난 신선한 단맛이라 손이 멈추지 않는다. 느끼했던 점심이 과일로 정리되는 사이, 선생님이 꺼내온 건 흑차였다. 며칠 동안 녹차와 홍차만 연달아 마셔 속이 차올랐는데, 따뜻한 흑차가 배를 쓰다듬듯 내려간다. 잔이 비기 바쁘게 모두가 "너무 맛있고 따뜻하다."고 외친다.

향옥 선생님의 손놀림은 군더더기가 없다. 공도배에 뜨거운 물을 부어 예열하고, 그 물로 잔을 돌려 데운다. 그는 이 과정을 '결구(潔具)'라고 설명한다. 집게로 잔

을 비우고 내려놓는 손끝은 나비처럼 가볍다. 우리기 전 보여준 흑차에는 금화(金花)가 촘촘히 피어 있었다. 잘 만들어지고 오래 잘 보관된 흑차의 모습이다. 첫 우림이 지나자 향은 깊고 후운이 길다.

"흑차를 마시니 살 것 같아요."

누군가 중얼거리고, 모두가 조용히 고개를 끄덕인다. 역시 녹차가 아무리 맛있어도 차의 포만감을 채우는 데는 흑차만 한 것이 없다.

차탁의 시간이 길어지는 동안, 선생님의 남편이 준비한 귀주(구이저우) 가정식 저녁이 차려진다. 익숙하지 않은 향신료가 섞여 있어도, 한 접시 한 접시 정성이 먼저 느껴진다. 일행 중 한 사람이 마당에서 상추를 한 바구니 따오고, 고기와 쌈이 상 위에 오른다. 그리고 마오타이 공장 직원들만 어렵게 맛본다는 고도주(高度酒)가 한 병. 술은 순하게 넘어가지만, 등줄기는 뜨거워진다. 잔이 한 바퀴 돌 때마다 일정의 힘듦도 긴장도 사라진다.

식탁에는 색이 다른 젓가락이 두 벌 놓였다. 빨간 젓가락은 공용, 갈색 젓가락은 개인용. 가운데 음식을 집는 젓가락과 내 입으로 가는 젓가락을 구분하는 예법이다. 한 바퀴, 두 바퀴 술이 돌다 보니 어느새 손이 하나로만 움직이고 있었지만, 그 순간조차 배려의 마음이 식탁 위를 바라보고 있다.

다예 수업이 시작되기 전, 룸메이트와 함께 골목을 걸었다. 작은 시골의 저녁은 조용하고 느리다. 길모퉁이를 돌자 보랏빛 꽃이 고르게 심긴 밭이 나타난다. 지나가던 주민에게 물으니 '자란'이라고 했다. 관상용을 넘어, 누군가의 생활이 되는 규모로 자란다.

우리나라에도 전라도 해남 등지에서 많이 심어서 약용으로 사용되고 있다고 한다. 한방에서는 덩이줄기를 백급(白芨)이라고 하며 수렴·지혈·배농제로써 상처와 위궤양 등에 사용한다. 중국에서는 가슴앓이·기침과 호흡곤란 치료에 사용하며, 또 점질이 있어 풀을 만들기도 한다는데 이렇게 우연히 만남 꽃 한 포기도 배움의 길이 된다.

늦은 저녁, 3층 향옥 선생님의 다실에 올랐다. 문턱을 넘자 공기가 달라졌다. 말이 통하지 않아도 이 방의 주인이 어떤 사람인지 짐작이 갔다. 먹 냄새가 옅게 배어 있는 서예 책상, 한쪽 벽을 가득 채운 드럼, 다른 벽을 메운 책과 가야금. 차향 사이로 종이, 가죽, 나무의 냄새가 겹쳤다. 이 다실은 취미의 방이 아니라 살아온 삶과 살아갈 삶이 놓인 자리였다. 이 방은 아직 문을 달지 못해 바람이 들어오고 길가 소음도 간혹 밀려 들어왔다. 이유가 너무 간명하다. 이 집을 설계하고 만들어 가는 중이란다. 돈이 생길 때마다 조금씩 만들어지는 집인데 아직 3층 문이 덜 된 상태라고 하니 그들의 삶의 속도를 알 것 같다. 보여주기 위해 사는 것이 아니라 있는 대로 즐기며 사는 진정 삶을 알고 살아가는 가장 인간적인 냄새가 난다.

선생님이 드럼 앞에 앉았다. 작고 단단한 몸이 스틱을 들자 박자가 먼저 스틱을 움직인다. 첫 타격이 바닥을 울리고, 신시네이션처럼 리듬이 몸을 끌어올렸다. 손목은 짧게, 어깨는 크게, 발끝은 꾸준히. 소리가 점점 커지지 않아도 에너지는 꾸준히 타오르는 듯 작은 체구의 향옥 선생은 드럼과 한 몸이 되어갔다. 몇 마디 지나지 않아 방 안의 공기가 가벼워졌다. 스트레스라는 단어가 떠오를 틈도 없이, 소리가 이미 그것을 밖으로 밀어내고 있었다.

드럼의 마지막 음이 가라앉자, 선생님은 가야금 앞에 조용히 앉았다. 현 위로 손이 올라가고, 첫 음이 떨어졌다. 방 안 공기가 순간 멈췄다. 누구의 숨소리도 들리지 않았다. 손끝이 하나의 음을 놓으면 다른 손이 그 음의 그림자를 길게 당겼다. 떨림과 멈춤, 번짐과 회수가 정확했다. 밝지 않은 실내등 아래 향옥 선생님은 무협 드라마 여주인공처럼 조용한 듯 화려하게 움직였고, 우리는 그 위를 나는 소리를 따라갔다. 드럼이 몸의 리듬을 깨워 주었다면, 가야금은 마음의 평온하게 낮추어 주었다.

향옥 선생의 다예, 몸이 기억하는 다법

밤 공기가 한 겹 더 차가워지자 선생님이 찻자리를 잡는다. 긴 다건을 펼치고, 8개의 잔을 일렬로 세운다. 뜨거운 물이 각 잔에 한 번씩 머무르고, 집게(차협)가 잔을 다음 잔 속으로 넣어 원을 그리듯 돌려 데운다. 따뜻해진 잔은 한 사람씩 손 닿기 좋은 자리로 돌아간다. 동작은 부드럽지만 느슨하지 않고, 절도 있지만, 날이 서지 않는다. 부드러움과 절도의 균형 — 그게 선생의 첫 인사다.

개완의 이름과 뜻

"한국에서는 개완을 뭐라고 부르나요?"
선생은 웃으며 덧붙인다. 우리는 삼재배(三才杯)라고도 불러요. 하늘·땅·사람을 뜻하죠. 또 전승에 따라 삼광(三光) —

해·달·별 — 의 상징을 얹기도 해요."

뚜껑 = 하늘, 몸통 = 사람, 받침 = 땅. 도가의 언어로 풀면, 하늘도 크고 땅도 크지만, 사람의 자리가 가장 크고 그 사이를 잇는다는 뜻이 있어, 개완은 그 질서 자체라고 일러준다.

동작의 다법 — 행운유수(行云流水)

- 다건 위에서만 손이 오가고, 손은 다건으로 반드시 돌아와 멈춘다.
- 뚜껑은 반원을 그리며 열고 닫는다.
- 물줄기는 왼쪽으로 흐르고, 공도배를 지나 각 잔으로 고르게 나뉜다.
- 개완에서 찻물을 내릴 때는 봉황 삼점두(三点头)처럼 세 번 큰 리듬으로 — 따르고, 멈추고, 마무리한다.
- 향을 맡을 때 손과 고개, 뚜껑이 함께 반원을 그린다. 공기 위에 한 폭의 그림이 그려진다.

선생은 말한다. 집에 가서 많이, 조용히, 오래 연습하라고.
"동작이 익으면 소리가 사라져요. 구름이 흐르고 물이 흘러가듯 행운유수(行云流水)로."

잔을 드는 법 — 삼룡호정(三龙护鼎)

잔은 삼룡호정으로 든다. 중지를 잔의 중심에 받치고, 엄지와 검지(蘭花指·난화지)로 잔을 감싼다. 두 손으로 들어 난꽃 손을 완성하면 잔의 무게가 가벼워진다. 사람을 손가락으로 가리키지 않는다. 무언가를 청할 때는 손바닥을 펴서 가볍게 초대한다.

민간의 신호 — 개완으로 말하기(현지 전승)

현지에서 들은 다실 신호 몇 가지. 지역과 집마다 다를 수 있으니 참고로만 적어 둔다.

- 🍃 뚜껑을 오른쪽에 살짝 올려둠: "물을 조금 더 주세요."
- 🍃 뚜껑을 하늘 보게 뒤집어 개완 위에 올림: "타지에서 왔어요. 길(정보)을 묻고 싶습니다."
- 🍃 뚜껑 위에 다우(차인형)를 올림: "잠시 자리를 비웁니다. 상 치우지 말아 주세요."
- 🍃 뚜껑을 개완 몸통 위에 뒤집어 올림: "이제 계산하겠습

니다."

🍃 뚜껑을 오른쪽 바닥에 엎어 둠: "현금이 없습니다. 외상으로 부탁드립니다."

신호는 소란 대신 예의로 말하는 방법이다. 말이 통하지 않아도, 찻자리는 서로의 의사를 읽을 수 있다.

그 밤, 우리는 동작의 이름을 배웠지만, 사실은 태도를 배웠다. 따뜻하게 데우고, 깨끗이 비우고, 정확히 멈추는 일. 손이 다건으로 돌아오듯 마음도 제자리로 돌아온다. 차는 그렇게 한 잔씩, 예의의 온도로 익는다.

차 문화에서는 왼쪽이 상석이다. 차를 마신 팽객들은 차를 마시고 나면 가급적 차예사의 동작이 작아지도록 빈 잔을 가까이 놔줘야 한다.

손이 말하는 언어

팽주가 개완에 물을 올릴 때 선을 그리듯 시계 방향으로 돌리면 "오늘은 여기까지, 편히 돌아가세요."라는 뜻이 되고, 반시계방향으로 돌리면 "한 잔 더, 조금 더 가까이 오세요."라는 청이 된다. 말 대신 손의 방향으로 전하는 인사. 향옥 선생에게 원포인트 레슨을 받으며 개완다예를 따라 해본다. 곧 알게 된다. 개완다예는 단순한 기술이 아니라 몸을 길들이는 시간이라는 것을.

물을 얹고, 뚜껑을 반원으로 열고, 공도배를 지나 잔으로 흐르게 하는 동안 직선은 없다. 태극권이 차상에 오른 듯, 모든 동선은 곡선으로 이어진다. 손목은 짧게 돌고 팔꿈치는 길게 흐르고, 동작의 시작과 끝은 언제나 다건 위로 돌아온다. 몇 번 반복했을 뿐인데 손목 안쪽의 잔 근육이 뻐근하다.

"이건 힘으로 하는 일이 아니다. 균형과 흐름으로 하는 일이다."

작은 차탁 위에서 많은 경험을 얻었다. 손끝이 그 곡선을 기억하면, 마음도 곡선으로 부드럽게 돌아온다. 사람 사는 세상이 다 그러하듯이.

그날 밤 호텔이 아니라 향옥 선생님의 민가에서 잠을 잤다. 난방 시설이 없다. 남방지역이라 집을 지을 때 따로 난방하지 않는단다. 두꺼운 이불속에 얇은 전기장판을 깔고 꿀잠을 청한 것 같다.

유차탕 - 차가 국이 되는 아침

이튿날 아침, 집안 고소한 공기가 잠을 깨운다. 주방에서 올라오는 기름과 볶은 곡물의 고소한 냄새, 그리고 살짝 그을린 찻잎 향이 공기를 깨웠다. 전날 잠들기 전 만드는 것이 궁금하면 주방으로 내려와도 좋다고 해서 기름 냄새를 따라 주방으로 내려 가보았다. 향옥 선생 부부가 분주하게 유차탕을 만들고 있다. 냄비에서 기름이 달아오르고, 다진 찻잎이 먼저 투입된다. 잎이 '자라락' 소리를 내며 향을 터뜨리면, 뜨거운 물이 부어져 차의 국이 된다. 여기에 볶은 곡물과 견과, 찐 쌀이나 찹쌀이 만나 걸쭉한 한 그릇으로 완성된다.

유차탕(油茶汤)을 그대로 옮기면 '기름차 국' 혹은 '차로 낸 곡물죽'쯤 된다. 귀주성, 특히 미담(湄潭, 메이탄)·인근 차 산지에서 즐겨 먹는 전통 아침 식사다. 집집이 조리법이 달라 기름·라드, 찹쌀·쌀, 견과(땅콩·호두), 볶은 기장·옥수수, 때로는 튀긴 반죽 조각까지 들어간다.

유차탕 만들기

① 기름 달구기 → ② 찻잎 볶아 향 내기 → ③ 물 부어 차 국 내기 → ④ 볶은 곡물·견과·쌀(또는 찹쌀) 넣어 불리기 → ⑤ 소금 간으로 마무리

질감은 진하고 묵직하다. 빛깔은 잎과 곡물에 따라 연두색과 회색 빛이 감돈다. 보기엔 낯설어도 한 숟갈 떠먹어보면 고

소함과 짭짤함이 오래가는 포만감으로 바뀐다. 마당으로 들고 나와 첫 숟갈을 뜬다. 낯선 나라의 모르는 요리를 이렇게 맛있게 먹기도 처음이다. 그냥 맛있다.

향옥 선생님이 말하기를 유차탕은 지방과 곡물이 함께 들어가 에너지 밀도가 높다고 한다. 포만감이 오래 가고 허기가 쉽게 오지 않아서 이곳 사람들은 일하러 가기 전에 먹는다고 한다. 간혹 병에 담아서 들고 도시락처럼 가지고 다니기도 한단다. 차 국을 기본으로 하니, 기름진 느낌을 따뜻한 차향이 잡아준다. 현지에서는 '원기국'이라 부르기도 한다. 산길이나 밭일

전에 한 그릇이면 하루가 든든하다.

연달아 마신 녹차·홍차로 속이 가득했던 일정에, 유차탕은 데우고 씻어내리는 역할을 동시에 했다.

비가 왔다. 여행은 늘 계획표대로 되지 않고 변수가 생길 때 더 재미있는지도 모른다. 차해지심, 일출은 비와 함께 쓸려 내려갔다.

제7부

끝없는 차의 바다

만무차해의 찻잎, 어디로 가는가?

비가 온 덕분에 차해지심, 육지 속의 차 심장은 보지 못했지만, 덕분에 만무차해에서 조금 더 많은 시간을 보낼 수 있게 되었다. 미담에서 20분 정도 가면 만무차해를 볼 수 있는 다원이 나타나는데 '중국차해경구'라는 글씨가 쓰인 문루를 만난다. 문루는 말 그대로 문 위에 누각이 지어져 있고 누각에서는 사람이 살거나 건물을 활용하는 구조인데 관광지나 고성 거리 입구에 세운 아치형 장식의 문으로, 기둥·가로대·처마 가

운데 현판이 달린 독립 구조물이다. 다리 위의 누각 그 앞에 서면 웅장함에 입이 벌어진다. 이곳은 누각이 정면에 하나 측면에 하나, 두 개가 기역자(ㄱ) 모양으로 놓여 있다.

누각 뒤편으로는 상가와 찻방이 줄을 잇는다. 여느 관광지와 다르지 않은 풍경인데도, 이곳은 이상하게 마음을 더 설렌다. 높이 20미터가 훌쩍 넘는 나무가 초록 잎을 흔들고, 그 사이사이 홍등이 주렁주렁 매달렸다. 잎새 사이로 불빛이 켜지면 얼마나 더 아름다울까? 오래 머물지 못함이 못내 아쉽다. 시간이 허락한다면 이곳에서도 하루를 꼬박 쓰고 싶다는 생각이 든다. 나뭇가지가 작은 골목이 되고, 붉은 등이 지금의 마음을 보듬어 주는 느낌이랄까? 비가 오락가락하는 궂은 날씨지만 그래서 더 마음이 동하는 것 같다. 현지인 가게 주인이 추천해서 간 식당의 요리 또한 일품이었다. 이번 귀주(구이저우) 여행은 마치 미식 여행을 온 느낌인 듯 나오는 요리마다 잘

먹었다.

먼저 이곳 문루에서 매표하고 전동차를 타고 바람을 가르며 만무차해의 가운데로 들어설 때 설렘은 돌아와 글을 적고 있는 지금도 떨림이 일어난다. 태초에 세상은 오로지 초록밖에 없었던 것 같은 느낌이다. 잘 정돈되어 어느 하나 삐죽 올라온 것 없이 가지런한 차밭이 끝이 없다. 지평선이 아니라 차평선이다. 차밭의 재배 특성상 물 빠짐이 잘되어야 하니 차밭은 자연스럽게 굴곡지고 낮은 능선이 되고 언덕은 마치 자연스러운 물결처럼 흐른다.

문이 없는 전동차가 차밭 사이를 지나며 머리카락을 흩트려 놓은 바람에도 차내음이 난다. 곳곳에 장정 서너 명이 하얀 자

루를 들고 앞선 한 사람이 커팅기계를 움직이며 기계 채엽을 하고 있다. 길 가장 자리에는 이미 수확된 찻잎 수십 자루가 가지런히 줄을 섰다. 실로 엄청난 풍경이다.

이곳의 대부분 차 품종은 귀주성 농업과학원에서 품종 개발하여 현장 보급한 연구소 육성품종 전미601(黔湄601)로 미담현 핵도패촌 '만무차산' 일대에 대면적 보급 현지 차원 60만무 중 30만무+로 확대되어 마을 보급률 90% 수준으로 산지 생산성·품질 표준화가 이루어져 있다.

여기서는 직선이 드물다. 차밭의 윤곽, 농로의 꺾임, 차나무의 흐름, 모두가 곡선으로 이어진다. 초록의 차 밭 가운데 가끔 나타나는 이정표들만 하얀색을 보여준다.

멀리서 농로를 오르내리는 일꾼들과 채엽기계의 낮은 진동이 겹친다. 한국에서 늘 영상 속에서 보거나 책에서 보던 장면이 눈 앞에 펼쳐진다. 전망대에 오르면 더 멋진 풍경이 펼쳐진다. 초록의 줄이 능선을 따라 고르고 길게 이어진다. 가까이선 잎, 멀리에선 면, 더 멀리에선 파도. 한 덩어리의 생장과 흐름이 겹겹의 거리로 마치 영화 속 한 장면이 된다. 차밭은 풍경이 아니라 산의 표면에 찍힌 대지의 지문이었다. 난간에 서서 두 팔을 벌려 대지의 기운을 한껏 받아 본다. 다 품을 수 없음이 안타까울 뿐이다. 세상이 내어준 초록의 세상 단 한 점도 다른 색이 없는 세상, 뭐라고 표현할 말이 없다.

만무차해의 찻잎, 어디로 가는가?

만무차해의 전망대에서 내려오면 질문이 남는다. 이 끝없는 초록이 매일 밀어 올리는 잎은 결국 어디로 흘러가는가? 풍경에서 시선을 거두면 찻잎의 가공과 유통이 궁금해진다.

기계 채엽으로 자루 가득 담긴 찻잎이 산에서 공장으로 가는 것은 시간문제다. 아침부터 채엽된 잎은 해가 지기 전에 산 아래 공장으로 모인다. 이곳에서 먼저 1차 가공을 거친다. 메이탄(미담)·쭌이 일대의 공장들은 주로 녹차(현지형 세녹·메이탄 취아 등), 홍차(쭌이홍 계열), 그리고 재가공을 위한 원료차(基茶, 기차)를 뽑아낸다. 날씨와 습도에 따라 위조·유념·건조 시간이 미세하게 달라지고, 그날의 잎 상태가 제다의 중요한 부분을 정하지만 그들의 말에 의하면 녹차든 홍차든 같은 제다 방법이기 때문에 지역이 다를지라도 큰 차이는 없다고 한다. 그렇게 몇 며칠 귀주에서 가공된 차는 산을 벗어나 국내 유통의 길에 오른다.

완성차와 원료 차의 상당수는 북쪽·남쪽의 대규모 차 집산지로 이동한다. 북에는 베이징의 마리엔따오(馬連道), 남에는 광저우(广州, 광주)의 팡춘 같은 거점이 있다. 거기서 각 지역 브랜드와 소매상에게 흩어지거나, 전자상거래 창구로 곧장 올라가고, 일부는 다시 혼배(블렌딩)를 거쳐 각지의 도시의 맛으로 탈바꿈된다.

산지의 이름은 종종 라벨의 뒷면에 붙어있지만, 잎의 성격은 브랜드 앞면에서도 끝내 드러난다. 단맛이 길고, 향이 깨끗하고, 우림이 오래가는 잎 그런 프로필이 이곳 잎의 서명이다.

최근 몇 해, 신식 차 음료로도 크게 바뀌고 있다. 대형 공장들이 잎을 추출액·농축액·티백 원료로 가공해 전국의 밀크티·프루트티 체인으로 보낸다. 도시의 수많은 일회용 잔에서 만무차해의 찻잎이 다른 형태로 팔린다. 차의 전통과 대중 취향이 만나는, 지금 중국 차 시장의 가장 큰 교차점이다.

꽃을 입는 찻잎을 아는가?

녹차 원료 일부는 재스민 꽃차(茉莉花茶)를 위한 향배(窨制) 공정으로 떠난다. 꽃 피는 계절, 남쪽의 향배 기지로 이동해 밤새 꽃과 잎을 켜켜이 덮고 뒤집는 일을 반복한다. 찻잎은 꽃의 향과 수분을 머금고, 다시 '꽃차'라는 이름으로 돌아온다. 라벨에는 다른 지역 이름이 쓰일지 몰라도, 잎의 뼈대는 이 고원의 초록이다.

바다 밖으로 — 수출과 OEM/ODM

귀주의 일부 공장은 말차·홍차·세녹을 중심으로 해외 주문을 받는다. 대량 OEM/ODM 계약으로 외국 브랜드의 상표를 달고 나가는 잎도 적지 않다. 맛의 설명서가 정교해질수록 산지의 재현성과 위생 표준, 안정적 원료 조달력이 빛을 본다. 산은 '보이지 않는 품질'을 꾸준히 만들어 준다.

"생산은 많은데, 왜 현지에서 많이 마시지 않는가?" 하고 여행자의 눈에는 의문이 남는다. 답은 간단하다. 귀주는 원료기지이자 가공센터의 성격이 강하다. 잎은 산에서 가공되어 곧장 성 밖의 소비지로 흘러간다. 소비의 무게중심은 동부·남부 대도시로 치우쳐 있고, 산지의 식탁은 오늘도 생산 쪽에 더 많은 힘을 주고 있다. 그래서 이곳에서는 '차를 만든다'는 동사가 먼저 들리고, '차를 마신다'는 동사는 뒤에서 따라온다.

차해를 내려오며 생각한다. 해마다 잎은 같은 자리에 돋고, 사람들은 같은 길을 오른다. 그러나 같은 잔은 두 번 없다. 날씨가 다르고, 마음이 다르고, 함께 앉은 얼굴이 다르다. 그 차

이를 인정하고도 반복을 계속하는 일 그게 이곳의 태도다. 양총 사장이 말한 윤회가 만무차해에서 풍경으로 느껴진다.

   만무차해는 장관이면서 일상이다. 멀리서 보면 압도적이고, 가까이서 보면 익숙하다. 그리고 나는 안다. 내일 이곳에 다시 선다 해도, 오늘의 풍경은 오늘만 가능했다는 것을. 그렇게 이해가 깊어지고 보니 차가 다시 보이고 칭탕마을 양총 사장의 얼굴이 다시 떠오른다.

귀주성 차공업박물관
– 공장의 시간, 국가의 기억

만무차해를 내려와 세계에서 가장 큰 차호로 지어진 건물 천하제일호장을 왼쪽으로 끼고 돌아 잠시 도시를 벗어나면 차공업박물관이 나타난다.

도균(두윈)·미담(메이탄) 일대의 차 산지와 제다의 역사를 기록한 '현장형' 박물관이다. 주소는 귀주(구이저우)성 쭌이시 메이탄(湄潭, 미담)현, 메이장가도 차성(茶城). 옛 귀주성 미담 국영 다원·제다공장 자리에, 공장 원경을 살린 채 조성됐다. 이 박물관은 귀주 차문화생태박물관(贵州茶文化生态博物馆) 관군(館群)의 한 분관으로, 차를 마시는 문화보다 차를 만드는 기술·노동·산업화 과정을 전면에 세운 산업유산형 건물로 관군 전체가 2018년 국가 3급 박물관(国家三级博物馆)으로 공인됐다.

박물관 입구 서문에 적힌 말을 번역해보면 이곳이 얼마나 역사적 문화적 가치가 높은 곳인지 알 수 있다.

차 산업 박물관은 중국에서 유일하게 차 산업의 역사를 전시 동선의 중심축으로 삼은 특별 박물관으로, 국가 주요 산업 유산으로 지정된 공간이다. '차를 마시는 문화'가 아니라 '차를 만드는 기술과 노동'을 전면에 세운다.

전시장 건축과 기계, 공정 설비는 1939년부터 2002년까지의 흔적을 거의 그대로 품고 있다. 긁히고 닳은 목재 라인, 손때 밴 도구, 라벨과 장부의 잔광까지 ― 시간의 질감이 전시 그 자체. 이곳은 근현대 중국 차 산업화의 전 과정을 한눈에 보여주는 드문 '살아 있는 표본'이다.

이 장소는 본래 민국 중앙 실험다장이 이전해 뿌리내린 뒤, 귀주성 미담(메이탄) 차 농장 제1 제다공장으로 확장되며 각 시대의 다른 역사적 임무를 맡아왔다. 항전기에는 차를 생산해 전선을 지원했고, 공화국 초기에는 산업을 복구하고 국가 재건에 힘을 보탰다.

그 과정에서 만든 차는 구이저우 홍차 · 중국 홍차, 구이저우 녹차 · 중국 녹차 등의 이름으로 해외에 수출되어 귀중한 외화를 벌어들였다. 공장은 지역을 넘어 국가와 세계를 잇는 결절점이었다.

전시장에는 고난과 영광, 기술과 사람이 얽힌 서사가 남아

귀주성 차공업박물관 - 공장의 시간, 국가의 기억   **155**

있다. 이는 한 공장의 연대기를 넘어, 귀주 차 산업이 국가를 근심하고 시대를 견뎌낸 마음을 증언한다. 차 산업 박물관은 파종에서 제다, 수출에 이르는 '차의 산업 문명'을 지키는 장소이자, 후대가 다시 꺼내 볼 정신적 보고(寶庫)다. 이곳은 귀주와 중국 차 산업사의 압축 파일 같다.

이 장소는 본래 민국 중앙 실험다장이 옮겨와 뿌리내린 뒤, 귀주성 미담(메이탄) 차농장 제1 제다공장으로 확장되며 시대마다 서로 다른 임무를 맡아왔다.

박물관의 기록을 따라가다 보면, 중국 차가 걸어온 또 하나의 길이 드러난다. 바로 국경(변방) 지역으로 흘러 들어간 차의 역사다.

현지에서는 이를 변방차(边销茶)라 부른다. 내륙에서 가공한 차를 국경의 소수민족 지역으로 운송·판매하고, 때로는 말과 물자로 맞바꾸던 교역의 전통이 있었다. 이 교역의 오래된 이름이 곧 차마호시(茶马互市), 오늘 우리가 흔히 떠올리는 차마고도의 기억이다. 사천(쓰촨)·운남(윈난)·귀주(구이저우) 등 서남 지역의 산지에서 난 잎과 공산품, 국경의 가축과 생필품이 교역을 이루며 두 지역의 자재 유통과 경제 발전을 촉진했다. 귀주는 그 길목에서 원료 공급지이자 중간 가공지로 기능하며 국경을 향한 잎의 유통을 오래 간직하고 있다.

　찻잎이 공장에 들어와 살청·유념·건조의 시간을 건너고, 다시 상자에 담겨 항구와 철로, 산맥의 길로 나아간다. 어떤 잎은 외화가 되어 돌아오고, 어떤 잎은 국경의 식탁에서 생활의 필수품이 된다. 귀주성 차공업박물관은 그 모든 흐름을, 공장의 소리와 사람의 손짓으로 기억하게 하는 곳이다. 차가 잔이 되기 훨씬 전, 역사와 국가, 국경을 건너던 산업의 얼굴이 여기에 있다.

　공장을 도는 내내 보이지 않는 손길이 곁에 따라붙는 느낌이었다. 뜨거운 입김이 뺨을 스치듯 올라오고, 어딘가에서 피어오른 난향 같은 차향이 공장을 가득 채운 듯 착각이 인다. 멈춰 선 기계 곁을 지나면, 고요 속에서도 귓속에는 달그락달그락 기계 소리가 되살아났다. 그 순간 나는 견학자가 아니라 작업자가 된 듯했다. 손바닥으로 쇳덩이 온도를 재고, 불을 돋우고, 찻잎을 흔들며, 멈춘 바퀴를 다시 굴리는 상상을 했다. 오래된 공기의 열과 향, 수많은 손의 기억이 겹겹이 남아 있어, 아무것도 움직이지 않아도 모든 것이 여전히 움직이는 듯했다. 귀주성 차공업박물관이 보여주는 중국 차의 자세한 이야기는 이 책의 끝에 박물관 내부에 전시해 놓은 자료를 번역해서 정리해 두었다.

제8부

배움과 회고

귀주성 농학과학원 - 차 연구의 산실

귀주성 농학과학원 다원(茶园)으로 가는 길은 여느 시골 마을 풍경과 같다. 간혹 TV에서 장면들이 눈앞에 펼쳐진다. 사람이 모이는 장터에는 과일과 낯익은 채소를 파는 사람들과 냉장고에 넣지 않은 생고기들을 즐비하게 늘어 놓고 좌판에 앉은 사람들 이곳의 풍경은 낯설지가 않다.

도심 남쪽으로 길이 낮아지면, 품종·시간·사람을 잇는 실험 학교 귀주성 농학과학원(贵州省农业科学院)의 넓은 캠퍼스가 열린다. 이곳은 귀양(구이양)시 화시(花溪)구 금신커뮤니티 일대에 자리하고, 차 연구는 산하 귀주성차엽연구소(贵州省茶叶研究所)가 전담한다. 연구소는 1939년 미담(湄潭, 메이탄) 메이장진에서 출발해, 지금은 학원 산하로 편입되어 육종·재배·가공·식물 보호·화학·분자생물까지 차 전 주기를 다룬다. 귀주성 차엽 연구소는 중국 첫 번째 연구소로 손꼽히고 중국 차엽 연구소로는 최고로 이곳의 역사는 88년 된 연구소다.

기술원에 도착하니 유몽강 교수가 반가이 나와 일행을 맞아 주는데 오늘은 특별히 파란색 무늬가 일정하게 그려진 묘족 의상을 하얀 발팔 셔츠 위에 걸쳐 입고 일행을 기다렸다고 한다. 함께 차를 타고 다원부터 돌아보고 오기로 했다.

"1939년 귀주(구이저우) 미담(메이탄)에서 출발한 '차 연구 조직'은 전쟁기엔 생산·항전을, 공화국 초기에 산업 복구·재건을 견인했습니다. 오늘, 귀양(貴陽, 구이양) 본원 체계로 통합된 차엽 연구소는 자원 – 육종 – 재배 – 가공 – 표준 – 보급의 긴 사슬을 한 기관 안에서 굴리며, 실험실의 데이터가 곧바로 산지에, 산지의 문제가 곧장 실험대로 돌아오는 현장 연동형 연구 거점으로 서 있습니다."

유몽강 교수의 안내로 다원을 걸었다. 실험 차밭을 찾아 가는 길에 유채밭을 만났다. 우리나라에서도 제주도나 각 지방자치단체에서 강변을 메우고 유채밭을 만들어 놓고 사람들의 휴식을 돕기도 하는데 이곳 유채는 키부터 다르다. 사람 키를 훌쩍 넘어서 누군가가 들어 가면 찾을수 없는 밀림 같다. 유채유를 짜내는 씨의 크기도 내가 보아온 유채의 세 배 크기를 족히 넘는다.

싹을 올린 묘목부터 600년 수령의 고차수까지, 같은 종(種)이라 믿기 어려울 만큼 다양한 크기와 잎의 모양, 가지 습성이 한눈에 겹쳤다. 교수는 '품종은 이름이 아니라 형질의 언어'라고 했다. 어린나무 앞에서는 번식법(삽목·접목·실생)의 미세한 차이를, 노목 앞에서는 내병성·내서성·풍미 형성을 짚었다. 바람 방향과 배수, 토심이 바뀔 때 잎맥의 굵기와 털의 분포가 어떻게 달라지는지, 또렷하게 보여주었다.

번식은 크게 삽목·접목·실생 세 가지로 나뉜다.

먼저 삽목(꺾꽂이). 좋은 모주(엄마 나무)에서 가지를 잘라 흙에 꽂아 똑같은 나무로 키우는 방식이다. 유전자가 완전히 같아 품질이 일정하고, 뿌리 내림이 빠르며 수확도 일찍 시작된다. 다만 뿌리가 비교적 얕아 가뭄이나 강풍에 약할 수 있어 관리로 보완해야 한다. 해마다 같은 맛을 안정적으로 내야 하는 표준화·대량 생산에 적합하다.

접목은 뿌리를 맡는 대목(토양·병해에 강한 나무) 위에, 맛과 향이 뛰어난 접수(가지)를 붙여 한 그루로 만드는 방법이다. 대목의 내병성·내서성·토양 적응력을 빌리면서, 윗부분에서는 원하는 풍미를 얻는다. 다만 접합부 관리가 필요하고 초기 기술·노력이 든다. 토양이 까다롭거나 병해가 잦은 산지에서 '생존력과 맛'을 함께 잡을 때 유효하다.

실생(씨앗 번식)은 씨를 뿌려 유전적으로 모두 다른 개체를 키우는 방식이다. 뿌리가 깊게 뻗어 가뭄·한랭 같은 환경 스트레스에 강한 개체가 나올 가능성이 크고, 새 품종 선발의 출발점이 된다. 반면 맛·향·수확 시기 등 개체 차이가 커 균일하지 않고, 결실까지 시간이 오래 걸린다. 품종 개발과 유전자 풀(다양성) 확보가 목표일 때, 오래 보고 고르는 데 알맞다.

정리하면, 삽목은 '늘 그 맛을, 빨리 안정화'하는 길이고, 접목은 '튼튼한 뿌리와 좋은 풍미의 결합', 실생은 '다양성 속에서 보석을 찾는 장기전'이다. 현장에서 어린 나무 앞에서는 번식법의 의도를, 노목 앞에서는 내병성·내서성·풍미의 결과를 이렇게 읽어내면 된다.

찻잎과 동백잎을 따서 상세하고 비교 설명을 들으며 마치 현장학습 체험을 제대로 하고 있다는 생각이 든다. 차(茶)를 표현하면서 중국은 사람이 차와 나무 사이에 있다고 표현했으며 사람 역시 차의 일부분이라고 했다. 차라는 한자 위를 보면 十이라는 글자가 두 개 있고, 그 아래는 八이 있고 그 아래 木이 있다. 그래서 차를 마시는 사람은 108세까지 산다고 중국의 문화 이야기도 해준다. 米(쌀 미)자는 위에 뒤집힌 8자가 있고 아래에 다시 8이 있다. 그래서 밥을 먹는 사람은 88세까지 산다고 이야기를 전해주며 웃는다.

중국에서는 어르신이 생신을 맞이하면 차를 대접하는 것은 그 차를 마시고 장수하라는 의미에서 차를 올린다고 한다.

교수가 차를 만들면서 느끼기를 차나무들은 새들의 지저귐을 듣고 산에서 불어오는 바람을 맞으며 함께 자란단다. 그래서 만들어진 차는 자연의 음악이 깃들어 있다고 말하는 그의 철학적 의미가 가슴에 와 닿는다.

동백나무는 기름을 짜낼 뿐 차를 만들 수는 없다. 차나무는 동백과에 속한다. 차의 분계가 달라진다. 동백나무와 차나무의 차조 분류 동백나무와 차나무의 닮은 점 찻잎의 톱니 잎맥 다른 점은 솜털이 다르고 싹이 다르다.

언덕 너머 황금엽이 가득한 블록을 지나자, 표지가 촘촘한 시험구가 펼쳐졌다.

"지금 눈 앞에만 100여 품종이며, 연구소 전체로는 500여 품종을 보존·재배하고 있습니다. 대만·복건의 철관음 같은 품종도 여기서 함께 볼 수 있지요."

이곳에서는 차 품종을 연구한다. 차나무는 품종마다 폴리페놀 함량이 다르고 쓰고 떫은 맛이 다르다. 이차 품종이 어떤 차를 만드는지는 폴레페놀 카테킨 함량의 비율에 따라 달라진다고 한다. 그래서 새로운 차나무를 만나면 성분을 분석하고 어떤 차 품종이 적합한지를 결정한다고 한다.

"품종마다 폴리페놀·카테킨 비율이 달라요. 그 조합에 맞춰 녹차·홍차·후발효차의 길을 택하죠."

이곳 실험 다원 같은 토질에 500여 종의 나무가 함께 심겨 있어도 귀주 기준으로 같은 토양·기후에서 품종이 어떻게 반응하는지 데이터를 쌓아 그 결과로 '어느 성(省)에 어떤 품종을 보낼지'가 결정된다.

귀주성 농업과학원에서는 귀주성 땅에서 어떤 품종이 잎을 더 많이 내고 더 높이 자라는지 어떤 맛이 나는지 귀주성 기준의 실험을 하는 것이기 때문에 같은 토양에 다른 품종이 자라고 있어도 상관이 없다고 한다. 여기서 자라는 것의 품종과 특질을 본다고 한다. 이곳에서 연구한 나무는 다른 성의 토양과 환경에 맞는 나무를 선택해서 그 지역으로 보급한다. 아주 긴 세월 동안 실험해서 특정 성(省)에 어울리는 나무들을 연구해왔다. 함께 일하는 사람 중에 단일 품종으로 18년간 연구하는 사람도 있고 평생을 연구해도 1개의 품종을 연구하지 못한 사람도 있다고 한다. 그만큼 나무의 맛과 성질 토질에 맞는 차나무를 개량하는 것이 쉬운 일은 아니다.

2년 된 묘목장 앞에서 교수가 여기 이 밭은 유치원이고 저기 먼 산 위의 고목밭은 양로원이라고 하며 유쾌하게 웃는다.

무성 번식장에 1년 이내의 차는 차양막을 치고 환경을 관리하고 이후 2년 정도 지나면 차양막을 벗기고 자연에 적응하게

만든다. 재배-가공의 연동 실험으로 하우스에서 자라고 있는 어린 묘목과 막 땅에 뿌리를 박고 힘차게 자라고 있는 묘목의 성질을 파악한다.

고도·광량·토양 차이에 따른 성분 변화를 추적하고, 살청–유념–건조 공정과 향·후운의 상관을 표준화한다(연구소 소속 논문·프로젝트의 다수가 귀양 본원 명의로 발표된다).

다원에 가니 몽강 교수가 일행들에게 노래를 한 곡 해주겠단다. 묘족은 역시나 노래의 민족인가 보다. 이 노래는 어머니가 가르쳐 준 노래란다. 이 가사는 묘족의 노래로 청춘 남녀의 연애하는 노래라고 한다. 길고 긴 음률이 먼 곳에 있는 사람들에게도 들릴 만큼 고음과 저음을 품고 있다.

"나는 작은 강가에서 빨래하고 있어요.
 눈빛에 건너편 아가씨가 눈에 들어오네요.
 아가씨를 보면서 빨래하고 걸어가다가 물에 빠졌어요."

이 다원이 품은 것들 유전자원 보존과 품종 육성 연구소는 차나무 자원 수집·평가·육종 체계를 갖추고, 선발·교배·분자 표지 기반 평가를 병행한다(내부에는 자원·육종·재배·식물 보호·가

공·분자생물 6개 혁신팀이 꾸려져 있다). 우리가 도착한 이 날도 몽강 교수님이 연구실에는 10여 명의 학생이 둘러앉아 차 품평을 하고 있었는데 이들의 규모는 우리가 상상하는 이상으로 다양하고 많았다. 테이블 위에는 30여 종의 차가 있었고 모양, 색, 맛을 보고 품평지를 채워 나가고 있었다. 얼마나 정교하게 작업하고 있는지 그곳을 지날 때는 발소리 숨소리도 아꼈다.

화시구 주안 현대 고효율 차 시범단지
- 고차수다원

몽 강 교수와 점심을 마치고, 우리는 화시구 주안향의 고차수(古茶樹) 다원으로 향했다. 길은 평탄한 것 같았는데 어느새 높은 고도에 올랐다.

"여긴 과거와 미래가 한 그루에서 만나는 곳이에요."

고차수는 말 그대로 오래된 차나무다. 중국에선 보통 수령 100년 이상을 고차수로 보고, 지역·학자·협회 기준에 따라 60~80년 이상을 포함하기도 한다. 이 나무에서 만든 잎은 고수차/고차수차(古樹茶/古茶樹茶)라 부른다.

귀주성의 고차수는 운남(윈난)처럼 하늘로 치솟은 교목형이 아니라, 관목형·중소엽종이 주류다. 밑동이 굵고 여러 줄기가 갈라져 나온 재배형 관목의 모습이 핵심이다. 예전엔 씨앗으로 키운 실생 개체가 많아 뿌리가 깊고, 토양·기후 스트레스에 강한 나무들이 살아남았다. 분포는 화시(花溪)·미담(湄潭, 메이탄)·도균(都勻, 두윈) 일대에 군락을 이루며, 일부는 국가·성급 보호 목으로 지정되어 GPS 표식과 보호구역으로 관리된다.

관리 방식도 다르다. 현대 다원처럼 낮게 전정해 수확량을 끌어올리기보다, 전정을 최소화하고 생육 리듬을 존중한다. 그래서 채엽은 대체로 손 채엽이 중심이고, 수확의 속도보다 잎의 성숙을 먼저 본다. 결과적으로 잔에서는 얇게 퍼지는 향보다 두텁고 길게 이어지는 후운이 돋보이고, 잘 만들면 떫은 맛이 적고 내포성이 좋다. 오래된 나무가 주는 것은 단지 나이의 숫자가 아니라, 맛의 내력이다.

주안 현대 고효율 차 시범단지 고차수다원은 2013년 만들어졌다. 귀주성이 추진한 '5×100 프로젝트' 가운데 하나로, 표준화된 재배 – 가공 – 연구개발 – 검정 – 관광을 한 다원에 묶어, 말 그대로 산업·생태·레저 복합 단지다.

투자금 약 9억 4,700만 위안을 들여 차밭 면적이 2만6천 무

(약 1,733ha) 종자 번식 · 교육 · 품질 검사 · 전시 센터 구축하여 산책로 450m, 차 문화 광장 500㎡를 조성하고 있는데 일행은 산책로를 따라 차왕수가 있는 곳으로 향했다. 산책로 주변은 모두 관목형 고차수다. 교수님이 찻잎을 따서 화향 즉 잎에서 꽃향기를 맡으라고 내밀어 준다.

품종이 다르고 잎의 모양이 다른 차나무마다 위성 좌표 신분증을 발급해 관리한다. QR코드와 태그가 달린 나무들은 모두 관목형으로 나무마다 품종 나이를 표기하는 이름표를 달고 있는데 놀라운 것은 관목도 크기가 상당히 크다는 것이다. 학생처럼 들뜬 마음으로 몽강 교수를 따가 가는 길에 1000년 고차수, 600년 고차수, 500년 고차수를 지나 2000년 차왕에게 가는 길 안내판에는 '국가 고목 명목'으로 신고된 표본 3그루가 별표로 표기되어 있었다.

주안향에는 차나무가 5만 4천여 그루, 그중 고차수 차밭만 2,100여 그루가 모여 있다. 우리가 찾아간 차왕은 이곳 54,000

그루 중 가장 어른 나무로 수령 2,000년을 넘긴 표본이다. 흉고 직경 60cm를 넘는 줄기 앞에서 팔을 벌려 안아 보기도 하고 막 올라오는 잎을 따서 맛보기도 했다. 잎을 뒤집어 보이며 교수가 말한다.

"잎맥 9쌍, 타원형 잎, 얕은 톱니 관목형 재배종인데, 중국에서 '가장 오래되고, 가장 큰' 군집 가운데 하나로 평가받습니다. 고차수는 단지 오래된 나무가 아니라 맛의 내력을 증명하는 유전자예요."

이 귀한 숲을 지키기 위해 단지는 보존을 전제로 운영된다. 단지는 '아름다운 농촌' 사업과 보폭을 맞추어 주거 환경을 정비하고, 산책로·전시·체험을 엮어 재배 – 가공 – 관광을 하나의 흐름으로 묶었다. 하루 일을 마친 주민들이 산책로 벤치에 앉아 쉬기도 하고 농가는 바로 붙어있어, 이곳의 차가 상품이기 전에 생활임을 보여준다. 관광객에게 고차수의 그늘은 사진 한 장의 배경이지만, 마을 사람들에게 그 그늘은 다음 세대를 덮어 줄 시간이기도 하다. 돌아 나오는 길 담장에 서너 살 어린아이 것으로 보이는 옷이 빨랫줄에 널려 있어 귀여움을 더한다.

귀양 삼림공원, 희원서원에서 마신 오후

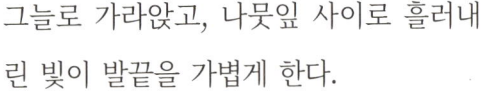

시 내를 돌아 갑수루에서 그리 멀지 않은 곳 국가 3A급 관광지인 삼림공원 북문을 들어서자 눈앞은 온통 초록 세상이다. 숲이 크니 오솔길은 서서히 그늘로 가라앉고, 나뭇잎 사이로 흘러내린 빛이 발끝을 가볍게 한다.

크다고 말할 수 없을 만큼 큰 아름드리 대나무를 지나 원린로를 따라 조금 더 걸어 들어가면, '희원서원(熙苑书院)'이라는 작은 현판이 숲색에 묻혀 나타난다. 밖에서 보면 그리 크지 않은 단아하고 작은 찻집 같은데 안에 들어가서 층층이 서원을 보는 순간 입이 다물어지지 않을 정도로 큰 차관이다. 차를 내는 집이면서, 강연과 전시가 열리는 서원. 이곳에 들어서면 명나라와 청나라 그리고 현재의 시간이 함께 공존한다. 먼저 입구에 놓인 2개의 추춧돌은 명나라 때의 돌로 일일이 수작업으로 사자문양을 새겨 빚었고 옛날엔 큰 건물을 받치던 추춧돌이었을거라고 한다. 사자문양이 있는 추춧돌은 일반 민가의 것이 아니라 아주 높은 분의 저택이었을 거라고 하는데, 너무 오래돼서 풍화되기는 했지만 이 주춧돌이 가지고 있는 기운이 특별히 좋아서 차관 입구에 놓았다고 한다. 참고로 이곳의 창립자 리화씨는 골동품 수집가로 유명하며, 이분의 수장고에는 아무나 못 들어간다고 한다. 골동품 수집가답게 청말 민국 시대의 가구(테이블) 위에 유리관 안에는 나무로 조각한 소녀상이 있다. 얼마나 정교한지 머리카락 옷 주름 바짓단의 조각은 중국 최고 수준의 목각 기술이라고 한다.

명나라, 청나라 때의 유물들이 전시되어 있으며 이곳 직원의 설명을 들으며 하나하나 들여다보는데 조각상에서 그

옛날 사람들이 손길이 섬세하게 느껴져 온다. 어느 하나도 예사롭지 않은 전시품들이다.

여러 층의 방마다 창문을 크게 두어 차를 마시면서 밖의 풍경을 볼 수 있게 설계되어 차와 자연이 따로 있지 않음을 깨닫게 한다.

숲속 차관의 벽에는 서로 다른 시간이 한 공간 안에 나란히 걸려 있었다. 하나는 고대 석각에서 먹을 얹어 떠낸 탁본(拓本), 다른 하나는 바다 식물처럼 보이지만 사실은 동물인 바다 백합(海百合, crinoid) 화석이다.

먼저 탁본은 중국에서는 비(碑)·묘지석·암벽 글자를 그대로 종이에 전사해 지식을 보존하고 유통해 왔다. 후한의 '석경(石經)'에서 시작해 위진·수당을 거치며, 금석문·불경·경탑의 문자들이 탁본으로 전파됐다. 문자와 서체, 시대의 미감을 한 장에 압축하는 방식이었고, 오늘날도 지역의 석각을 조사·채탁(採拓)해 기록을 남기는 작업이 이어진다. 귀주성 역시 비문·석각의 연구·보존 프로젝트가 활발한 고장이다.

또 한 가지는 바다 백합이다. 안내하는 직원은 특별히 이곳에서 설명을 길게 해준다. 벽에 걸린 것은 줄기와 '꽃'처럼 보이는 화석판인데, 식물이 아닌 극피동물문(성게·불가사리의 친척) 바다나리강에 속하는 해양동물의 흔적이다. 성체가 해저에 '줄기'

로 고정되어 있어 '바다 백합(Sea lily)'이라 불리지만, 입과 팔, 석회질 골편 구조를 가진 동물이다.

귀주는 이 바다 백합 화석으로 특히 이름난 곳이다. 베이징 중국지질박물관 등지에는 귀주산 바다 백합 대형 화석판이 전시돼 있기도 하다.

희원서원의 벽 앞에서 직원은 "중국어로 '바다 백합(海百合) 화석'이라 검색하면 더 많은 자료가 나온다."고 귀띔했다. 탁본 한 장에는 글자의 시간이 눌어붙어 있고, 화석 한 판에는 바다의 시간이 응고되어 있다. 한쪽은 사람의 손으로 문자를 옮겨 보존한 기록이고, 다른 한쪽은 지층이 스스로 남긴 기록이다.

거실이자 손님을 맞이하는 거실 공간은 손님을 맞이하는 차를 내는 공간을 넘어, 강연·교류·소규모 전시. 식사까지 곁들인다. 지역 행사(선다 아회 등)로 로컬 차 문화를 연결하는 거점 역할을 하는 곳답게 방마다 고쟁이라는 중국의 악기들도 자리 하

는 것을 보니 차와 음악이 공존하는가 보다. 국제 교류도 하고 있는데 2023년 11월 29일 '세계 선다(禪茶) 아회'가 삼림공원 '희원서원'에서 열려 한·중 차 문화 교류 포럼이 진행되었다는 기록이 있다.

한쪽에는 절강(浙江, 저장)성 태호(太湖)에서 온 태호석이 서 있다. 철분이 유난히 많은 돌이라 사람 손이 스친 부분이 붉게 물들었다. 세월이 돌 위에서 서서히 산화한 흔적, 손길이 남긴 작은 지형도. 그 태호석을 받치는 받침돌은 청나라 때 만든 것이라 했다. 오래전 홍콩에서 경매를 거쳐 여기까지 흘러와 지금은 붉은 손자국의 돌을 조용히 떠받치고 있다. 한 점의 돌에 땅의 시간(태호석)과 사물의 이력(청대 석좌), 그리고 사람의 체온(붉은 변색)이 겹겹이 포개져 있다.

직원이 이끄는 다음 공간의 문턱을 넘자, 모두가 동시에 숨을 들이켰다. 건물 한가운데 나무들이 그대로 자라고 있었기 때문이다. 이 차관은 삼림공원 안의 나무 한 그루도 베어내지 않고, 숲을 집 안으로 들이는 방식을 택했다. "우리는 집을 지을 때 첫째가 나무, 그다음이 건축이었어요." 직원의 설명이 고개를 끄덕이게 한다. 기둥은 나무를 피해 돌아서고, 천장은 가지가 지나갈 자리를 비워 둔다. 설계가 자연을 설득한 것이 아

귀양 삼림공원, 희원서원에서 마신 오후 **179**

니라, 자연이 먼저 자리를 잡고 건축이 그 곁에 앉은 형태다. 잔을 들고 올려다 보면, 삼림공원의 숨이 지붕을 뚫고 오르내리고, 바람이 실내로 드나드는 길이 열린다. 이곳에서는 차향보다 먼저 숲의 향기를 건물 안으로 초대한 느낌이 든다.

 직원은 우리에게 삼림공원의 원숭이도 보여 주고 싶다고 했다. 한국에서 동물원 안에 있는 원숭이가 아니라 자연 속에 뛰어노는 원숭이를 보란다. 그러면서 차를 마시기 전 삼림공원

을 한 바퀴 여유롭게 산책을 해본다. 휴식을 위주로 하는 무료 개방 공원으로 역사문화를 담고 있어 지역의 학생들도 중산기념당에 앉아 역사 공부를 하는 모습도 보이고 귀주의 3대 나무 중 하나인 오동나무꽃도 지천으로 보고 돌아와 차실 안으로 들어서자 찻자리가 이미 차려져 있었다.

열린 문으로 숲의 냄새가 실내의 목재 향과 섞여 잔잔히 흐르고, 창가에는 공원의 녹음이 한 폭 그림처럼 걸려 있었다. 차

테이블 위에는 9가지의 차들이 놓여 있고 역시 귀주의 이름들 － 도균모첨, 미담취아, 쭌이훙, 정안백차, 도균모봉, 안길백차, 노수차, 고수훙 등 지역의 찻잎을 지역의 물과 손으로 내는 집, 그 단순한 사실에 벌써 신뢰가 갔다. 자리를 잡고 앉자 다예사의 손이 조용히 움직였다. 조금 전 우리를 안내하던 씩씩하고 유머 있던 모습은 사라지고 진지하고 차분하게 다예사의 모습으로 변하더니 물은 높지 않은 온도로 가늘게 떨어지고, 개완의 뚜껑은 반원으로 열렸다 닫혔다. 설명은 과하지 않았고, 동작은 물 흐르듯 자연스럽지만, 절도가 있고 하나하나 설명을 곁들이며 차를 우려 준다.

첫 잔은 도균모첨. 금빛이 비치기 전에 연두가 한 번 반짝

이고, 향은 볶은 콩의 고소함과 봄 잎의 청초함이 겹쳐 올라왔다. 혀의 옆선을 따라 미세한 감칠맛이 흐르고, 목 뒤가 환해지는 느낌이 오래 남는다. 둘째 잔은 미담취아. 이름처럼 차맛이 더 가볍고 길었다. 숲의 산란광이 잔 표면에 내려앉자, 맛이 아니라 풍경을 마시는 기분이 들었다. 쭌이훙을 마지막에 두었다. 단맛이 천천히 깔리고, 후운이 깊게 이어졌다. 잔이 바뀔 때마다 시간대가 바뀌었다. 오후에서 저녁으로, 그늘에서 불빛으로.

 이곳이 '차관'이면서 '서원'인 이유는 차를 내는 일과 더불어 이야기를 불러 모으기 때문이다. 벽면에는 지난 가을에 열렸던

선다(禪茶) 모임의 사진이 걸려 있었다. 차가 도구를 넘어 언어가 되는 순간들. 누군가의 배움이 다른 누군가의 기록으로 이어지는 장소. 잔을 비울 때마다 이 집의 호흡이 조금 더 또렷해졌다.

해가 기울자 실내의 등이 하나둘 켜졌다. 창에는 나뭇잎의 그림자가 어둡게 걸리고, 잔 표면에는 등불이 얇게 흔들렸다. "여행의 요약은 결국 한 잔이었다." 마음속으로 중얼거리고 마지막 물을 부었다. 이 여정의 끝은 쉼이 아니라, 화려하게 차려진 저녁 만찬이었다. 서원 안에서는 식사도 가능하다고 했다. 상 위에 접시가 열둘, 아니 그 이상이 올라왔다. 처음에는 모두가 카메라를 들었다. 김이 오르고 윤기가 도는 그 순간을 놓치지 않으려는 본능. 몇 컷을 남기고 나서는, 말이 줄었다. 젓가락의 속도가 대화를 대신했다. 고수의 향이 살짝 스치고, 산초의 감각이 혀끝을 깨울 때마다 익숙하지 않은 향신료에 놀라기도 하고 바삭한 튀김, 오래 곤 국물, 행복한 만찬으로 하루가 저물어 간다.

식사를 마치고 갑수루(甲秀楼) 쪽으로 발걸음을 옮겼을 때는 이미 밤이 깊어 있었다. 강 위의 등불이 물결에 흔들리고, 1호점 희원차관 茶 간판이 어둠 속에서 더 또렷하다. 낮에 숲에서 마신 잔이 '머묾'이었다면, 이 밤의 잔은 '마무리'였다.

희원차관은 브랜드 위상도 높다. 언론 보도에 따르면, 희원차관은 전국 '백가(百佳) 차관', '5성급 차루' 표창 경력이 있고, 2024년 '중국 영향력 차관 TOP 100' 리스트에 이름을 올렸다고 전한다.

여행의 마지막 밤, 나는 사진보다 맛을, 기록보다 기억을 택했다. 그들과의 밤은 다음날 타야 할 비행기 시간마저도 뒤로 미루고 싶을 정도였으니.

제9부

귀주에서 배운 삶의 지혜

같은 산 다른 차

처음에는 모순처럼 보였다. 선인령에서는 "수령 15년 안팎의 젊은 나무가 좋다."고 말했고, 칭탕의 양총 사장은 "오래된 나무의 진기가 차를 깊게 만든다."고 했다. 한쪽은 젊음, 다른 쪽은 고차수의 시간. 어느 쪽이 맞는가? 여행 내내 내 머릿속을 맴돌던 물음이었다.

답은 의외로 단순했다. '무엇을 만들 것인가?'에서 모든 것이 시작된다. 선인령의 목표는 맑고 청아한 봄 녹차다. 여린 조직에서 올라오는 아미노산의 감칠맛, 한 모금에 또렷이 피는 밤향, 잔을 비우면 금세 사라지는 맑은 여운. 이런 맛은 빠르게 자라고 생산량이 많은 단백질·아미노산 비율이 높은 젊은 나무가 유리하다. 비유하자면, 새벽 공기를 그대로 붙잡아 잔에 담아내는 일. 그래서 선인령은 나무의 생장 주기를 4~15년 즈음에 맞추어, 해마다 같은 '녹차의 맛'을 구현하려 한다.

반대로 칭탕의 차는 홍차다. 산화와 홍배, 때로는 숙성을 거치며 구조가 세워지고, 맛의 밀도가 깊어진다. 여기선 뿌리가 깊고 대사가 안정된 오래된 나무(고차수)의 내력이 빛난다. 바위가 많은 토양의 광물과 다당류가 천천히 쌓인 잎은, 산화 과정을 지나도 모서리가 서지 않고 단맛을 길게 남긴다. 한 모금 뒤에 목 뒤가 환해지는 그 긴 후운, 그것은 시간을 견딘 나무만이 줄 수 있는 맛이다.

가공법은 재료의 강·약점을 다른 방식으로 해석했다. 녹차는 효소를 초기에 실활시켜 생엽의 향을 살린다. 조직이 부드러운 잎일수록 풋내 없이 맑다. 홍차는 산화와 홍배열로 맛을 세운다. 기초 체력이 약한 여린 잎은 쓴맛이 훅 튀고, 힘이 잘 받은 고수차 잎은 맛이 매끄럽게 풀리면서 과일·꿀 향이 켜켜이 올라온다. 같은 산이라도, 어떤 잎을 어떤 불로 덖을 것인가에 따라 최적의 차나무 나이는 달라진다.

결국, 이렇게 정리해 둔다. 녹차는 젊음이 줄 수 있는 맑음, 홍차는 시간이 남겨 주는 깊이. 오늘 내가 마시고 싶은 맛에 맞춰 차를 고르면 된다.

농장 운영의 철학도 다르다. 선인령은 균일성과 재현성이 무엇보다 중요하다. 매년 같은 품질을 약속하기 위해 수령을 관리하고, 공정을 표준화한다. 양총 사장은 원료의 개체성과

나무의 내력을 믿는다. 해마다 다른 깊이를 들려주는 소량 배치, 온도, 날씨의 차이를 그대로 차에 싣는다.

잔을 앞에 두고 다시 생각한다. 녹차의 잔은 초록, 난향이 앞에서 반짝인다. 빠르게 피고, 빠르게 사라지는 봄처럼 1~3탕이면 충분하다. 홍차의 잔은 말린 꽃, 꿀, 익은 과일이 뒤에서 길게 이어진다. 목 뒤에 남는 고요가 오래간다. 내포성이 좋고, 시간이 지나며 더 많은 말을 건넨다. 어느 쪽이 '더 낫다'고 말할 수 있을까? 결국, 우리는 다른 계절의 장점을 서로에게 배우는 중인지도 모른다.

그래서 나는 이 둘을 정반대로 기억하지 않으려 한다. 녹차가 가르쳐 준 건 '지금, 이 순간의 맑음'이고, 홍차가 전해 준

건 '시간이 건네는 깊이'였다. 하나는 봄의 첫 페이지를 여는 손끝, 다른 하나는 계절의 뒤표지를 덮는 산은 같은데, 잔은 다르다. 그리고 그 다름이 여행을 흥미롭게 만든다.

다음에 누군가가 묻는다면 이렇게 답할 것이다.

"녹차를 고를 때는 봄 첫물같은 여린 향을, 홍차를 고를 때는 후운과 내포성을 보라."

맑음이 먼저 와 닿으면 녹차를, 깊이가 오래 남으면 홍차를. 어느 날엔 둘 다일 수도 있다. 우리는 같은 산에서 다른 차를 배웠다.

차는 산을 닮고, 사람을 닮는다

도윤의 고원 바람은 "힘을 빼야 꺾이지 않는다."는 사실을 가르쳤다. 선인령의 기계 옆에서 배운 건 기술보다 유념기의 온도와 리듬이었다. 온도와 시간의 미세한 간격이 향의 운명을 바꾸듯, 우리 마음의 미세한 간격이 오는 인연 가는 인연을 바꾼다. 칭탕의 저녁, 낯선 상 위에서 서로의 문화를 존중했을 때 음식과 술은 더 달아졌고, 통하지 않는 말은 더 부드러워졌다. 결국 우리는 찻잎을 우리면서 우리 자신을 우리고 있는지도 모른다.

소수민족과 차 문화 다른 언어의 손짓이 같은 잔 위에서 통했다. 묘족의 은장식은 빛과 짤랑이는 소리로 말했고, 향옥 선생의 개완은 하늘·땅·사람을 한 잔에 앉혔다. 몽강 교수의 노래는 통역을 건너뛰어 곧장 가슴을 열게 했고, 권주가의 미소는 국경을 지웠다. 차가 먼저 다리가 되었고, 우리는 그 다리를 건너 서로의 시간으로 들어갔다. 귀주의 시간은 달았다. 떠날 때 남은 건 '우리가 얼마나 달랐는가?'가 아니라 '차 한 잔 앞에서 얼마나 같았는가?'였다. 차가 다리였고, 우리는 건너서 마주하는 사람들이다.

귀주를 떠나온 지 몇 달이 지났는데 손이 찾는 차의 온도, 맛은 변하지 않았다.

손바닥이 기억하는 미묘한 따스함, 잔을 들 때면 자연스레 낮아지는 목소리, 첫 모금 전에 잠깐 머뭇거리는 숨, 이것이 여

행 이후에도 차를 대하는 마음이다. 한 잔은 짧지만, 한 잎 여정은 길은 길다. 해마다 같은 자리에서 돋는 잎처럼 배움도 순환한다. 양총 사장이 말한 '차의 윤회'는 곧 우리의 일상에 대한 다짐이었다. 오늘의 잔이 내일의 마음을 덖는다.

도균모첨의 고운 백모와 가는 선, 덖음 솥 온도가 잎 속으로 스며드는 순간, 석판가 돌판이 발바닥에 전하던 느린 속도 모두가 한 줄의 추억으로 이어졌다. 귀양의 기억이 도시의 문화라면, 도균의 기억은 잔의 온기다.

산업의 문턱과 손의 온도 멈춰 선 제다 설비 앞에서 나는 보이지 않는 손길을 보았다. 멈춘 기계가 마음속에서 달그락거리며 다시 돌아갈 때, 알게 된다. 연구소의 품종 표본, 박물관의 녹슨 나사, 공장의 뜨거운 솥 그 위에 얹히는 것은 결국 사람의 손이다. 그것이 귀주가 내게 건넨 산업의 지혜였다.

이 글이 마무리되어 가는 2025년 11월 나는 다시 길을 을 떠날 준비를 한다. 귀주의 강에서 배운 느린 흐름으로, 이 여행은 한 도시의 기억과 순수하고 꾸밈없던 사람과 언제 어디서고 노래를 부르며 삶을 즐기던 여유로운 태도를 배운다.

오늘의 마지막 문장은 잔 아래에 놓는다.

"우리는 결국 우리 자신을 우리고 있었다."

부록

메이탄에서 본 '전통에서 산업으로'
– 차, 한 문명의 걸음을 따라

이 글은 차공업박물관 전시실에 게시된 배너들을 모두 사진으로 찍어와서 번역하고 편집한 내용입니다.

구이저우(貴州, 귀주) 메이탄(湄潭, 미담)구의 중앙실험차농장(中央實驗茶農場) 옛터에 세워진 차공업박물관 앞에 섰다. 전시관 벽면을 가득 메운 연표와 오래된 기계, '의천만수궁(宜泉萬壽宮)'과 '수부사(壽福祠)'를 개조한 초기 공장 사진들 사이로, 중국 차산업이 전통 농업 문명에서 현대 산업 문명으로 건너온 거대한 시간의 강이 흐른다. 이곳에 서면, 수많은 차인(茶人)과 기술자들이 남긴 발걸음이 내 발끝으로 전해진다.

중국 전통차 산업의 근대화 서막은 사실 일찍이 후베이 양러우둥(陽羅洞, Yangloudong) 일대에 모범 차농장이 세워지기 전까지는 온전히 열리지 못했다. 그 무렵부터 안후이 치먼(祁門), 후난 위양(岳陽), 장시 시우수이(修水), 광둥 허산(鶴山), 후베이 치춘(蘄春) 저장(浙江), 푸젠(福建) 등 주요 산지에서 개량·실험·시범·과학 연구가 잇달아 시도되며 적지 않은 성과가 쌓였다. 그러나 1937년 항일전쟁이 전면화되자, 중부·동부 각지의 모범 차원과 개량장, 실험장이 중단·폐기·합병의 운명을 겪으며 귀중한 성과가 전란 속에 흩어졌다.

그러던 1939년 ― 전쟁 후방의 남서부 메이탄(미담)에 중국

최초의 국가급 차 과학연구 · 생산기관이 자리 잡는다. 이 한 걸음이 중국 차를 과학기술 기반의 산업화로 이끄는 문을 열었다. 박물관은 말한다.

"여기서부터 1950년대의 어렵고도 견고한 산업화가 시작되었고, 오늘의 중국 차 산업을 떠받칠 기초가 놓였다."

전시실을 돌다 보면 '제1부 차 공업의 발단'이라는 패널 앞에서 오래 머물게 된다. 중국은 차의 고향이자 차의 나라였다. 기나긴 농경시대 동안 정치 · 경제, 정신문화, 사회생활, 대외무역까지, 차는 국가의 운명과 얽혀 있었다. 대항해시대(15~16세기)가 열리자 중국 차는 유럽 시장으로 대량 흘러들었고, 영국은 중국 차 무역의 최대 수혜자이자 경쟁자가 되었다. 그러나 아편전쟁 이후, 세계 차 산업이 규모화 · 표준화 · 기계화의 속도로 재편되는 동안 중국은 내우외환과 보수적 관념 탓에 그 속도를 놓쳤고, 수출과 발언권도 함께 약화하였다.

발길을 조금 옮기면 '제2부 공업 차밭 건설'이 펼쳐진다. 1939년 이전 구이저우(귀주)의 차 생산은 집 앞뒤에 별처럼 심은 소규모 자급 형태가 대부분이었다. 중앙 실험 차농장이 세워진 뒤부터 품종 · 재배 · 제다 · 방제가 연구와 보급으로 묶이며, 산업 생산을 떠받칠 과학적 기반이 비로소 갖춰졌다.

유리 케이스 속에 누런 종이로 제본한 자료가 보였다. 전시 해설사는 말했다.

"전쟁 중에는 연구가 곧 생산이었고, 공화국 초기는 복구가 곧 표준이었죠. 그때의 시도들이 지금의 체계를 만들었습니다."

이곳에서 연구는 삶을 통과해 산업이 되었고, 산업은 다시 기록을 남겼다.

- 🍃 1941년 메이탄⁽ᵐᵢᵈᵃᵐ⁾현성 남쪽 샹산⁽象山⁾ 타구파⁽打鼓壩⁾ 일대에 계획 식재 시범원 555.586무⁽1무≈666.7㎡, 약 37.1ha⁾를 개간 — 현대식 집약형 차원의 첫 장면.
- 🍃 1950~1951년 기존 노⁽老⁾차원 50무를 개량 — 산업화 생산의 기본 유형 제시.
- 🍃 1952년 스자청·우마포·쉬자포·마쯔포로 확대, 분장⁽分場⁾ 체계로 200여 무 관할.
- 🍃 1954년 현성 북쪽 약 10km 고지 국자암에 신규 차원, 전성기 1,200여 무.
- 🍃 1958~1959년 구이저우⁽貴州⁾ 전역 차원 면적 약 19만 무, 이후 48만 무 (언급은 현지 자료)

21세기 들어 2006년 약 95.4만 무, 2010년 고속 성장 구간 진입으로 구이저우의 차 생산범위와 양을 가늠할수 있다.

배너 한쪽에는 '개간 방식의 변화'가 선연하다. 1955년 이전엔 인력·가축이 대부분이라 비효율적이었으나, 1956년 메이탄 차 시험장이 D7120 크롤러 트랙터를 들여와 융싱·단스차오 일대에 투입했다. 기계 개간 40무 ― 당시 기준으로 상상하기 어려운 효율의 도약이었다. 이후 1960~90년대에 이르기까지, 드래그 장비 등 중장비 개간은 보편적 장면이 된다.

재배·품종·방제의 기록도 촘촘하다. 1950년대 이후 계단식 식재, 숲과 밭의 결합, 조밀식(밀식), 깊은 경운으로 전환하며, 묘상 식재 밀도는 200~500주/무 → 최대 1,333주/무로 높아졌다. 1970년대에는 무경운·속성·고수율 재배 체계가 제시되어 "첫해 활착, 2년차 수확, 3년차 50kg 초과, 4~5년 고수율"이라는 조기 정원화가 현실이 된다.

한편 1940년대부터 이어진 종자 수집·선발·육종은 1961년 이후 성급 체계로 자리 잡아 502·601·701·809 등 우량 계통을 보급했다. 병해충 방제는 1940년대 말 최초의 조사·기록부터 1950~70년대 식물 보호과 설치와 국가·성급 과제 수행으로 이어지며 현장형 IPM의 골격을 마련했다.

수확과 관리, 그리고 기계화. 1950년대의 손따기는 가위 수확을 거쳐 1960년대 기계 수확으로 넘어간다. 일본식 가위를 도입·개량해 효율과 품질을 동시에 높였고, 21세기에는 지형 적응형 단일 새싹 스마트 채엽기가 10~40mm 등급 새싹을 정밀하게 집어 올린다. 이 모든 변화가 이어지려면 물·길·전기가 있어야 했다. 1940년대 룽징만(龍井灣) 저수지 관개공사는 "검북(黔北)의 제1 모범 수리공사"로 불렸고, 1970~80년대 분장간 연결도로는 거미줄처럼 얽혀 생산 – 운송 – 정제의 공업화를 밀어 올렸다. 1960년대의 발전소·차량·트랙터 도입은 현장에 동력을 불어넣었다.

그리고 '제조'의 방 이곳에서 메이탄은 현대 차산업의 첫 제품들을 시험한다. 1940~41년, 중앙 실험 차농장은 궁푸홍차 '메이홍(湄紅)', 볶음녹차 '메이뤼(湄綠)', 편형녹차 '메이탄 룽징(湄潭龍井)'을 잇달아 내놓는다. 같은 시기 성분 분석과 품질 비교가 병행되며, 표준화의 눈금이 하나둘 채워진다. 공정은 살청-유념 – 발효 – 건조로 이어지는 연속 라인으로 정리되고, 목재·금속을 넘나든 국산화 기계가 등장한다. 1950~60년대엔 목재 복합 조립 홍차 라인까지 자체 구축해 다차(紅·綠·茉莉·黑 등) 대량가공의 능력을 손에 쥔다.

시장과 브랜드의 서사는 시대의 체제와 함께 흔들렸다. 신중국 성립 후 계획경제 아래에서는 국가 일괄 구매·판매가 기본이었고, 개혁개방 이후부터 시장은 새길을 열었다. 국경판매(변강 공고공급용 흑차 등) 체계가 정비되고, 구이저우(귀주)는 마침내 자체 수출 브랜드('첸훙(黔紅)' 등)를 만들었다. 21세기 들어 '구이저우 녹차'를 핵심으로 두원마오젠(都勻毛尖)·메이탄취야(湄潭翠芽)·레이산은고차(雷山銀球茶)·쭌이훙(遵義紅)·푸안훙(普安紅)·판징 마차(梵淨抹茶) 같은 지역 브랜드가 군집을 이루며, 전시·박람·전자상거래로 내수와 수출을 동시에 넓혀간다.

박물관의 마지막 방에서, 나는 다시 서문으로 되돌아간다. 1939년 메이탄 — 전통 위에 과학을 더해 차 산업화의 첫 벽돌을 올린 해. 이곳에서 품종·재배·방제·제다가 연구 – 보급 – 생산으로 맞물렸고, 차밭은 확장되었으며, 기계는 효율을 높였고, 브랜드는 시장을 열었다. 전쟁과 혼란으로 끊겼던 길을 과학기술이 다시 잇고, 마침내 오늘의 메이탄이 "전통에서 산업으로"라는 문장을 완성한다.

에필로그

열어젖힌 현대 차 산업의 문을 함께 음미해 주길 바란다. 차가 없었다면, 대영제국도, 공장 굴뚝 아래의 영국 노동자도 지금 알던 모습으로 존재하지 않았을 것이다. 앨런 맥팔레인과 앨리스가 지적했듯, 차가 낳은 제국의 세금과 이윤, 그리고 카페인이 제공한 일상의 노동 에너지는 산업혁명의 보이지 않는 연료였다. 차는 향기로운 잔을 넘어, 세계사를 움직인 산업의 역군이었다.

그러나 이 한 잔의 빛이 늘 한 곳에 머문 적은 없다. 아편전쟁 이후 중국의 전통 차 산업은 오랜 난관에 들어섰고, 그 사이 영국은 인도 아삼에서 '공장'과 '표준'의 언어로 차를 재해석했다. 일본과 스리랑카도 곧 뒤를 이었다. 산업혁명의 개념과 결과가 차밭으로 스며들자, 생산은 규모화·규범화·표준화의 궤도를 탔다. 품질은 안정되고, 원가는 낮아지고, 시장은 빠르게 반응했다. 그 흐름을 제때 타지 못한 중국의 차는 한동안 주도권을 잃었다. 내우외환과 보수성, 제도와 자본의 지체가 겹치며, 한때 세계 1위의 생산·무역 대국이던 위상은 점차 희미해졌다. 수출의 문이 막히는 시기도 있었다.

차산업박물관의 멈춘 설비 앞에서는, '만든다'는 동사의 체온이 아직 식지 않았음을 느꼈다. 정지된 벨트와 목재 건조대가 마음속에서 다시 달그락거리며 돌아가기 시작할 때, 나는 깨달았다. 산업화의 기술도 결국 사람의 손에서 시작되고, 사람의 손에서 완성된다는 것을.

이제 중국의 차는 다시 길을 고친다. 과거의 상처를 가리는 대신, 산업화와 문화의 숨을 함께 고려하려 한다. 연구소의 품종 실험, 생태 복원과 관광의 접속, 지역 차관의 생활화 같은 새로운 시도들은 한 방향을 가리킨다. 대량의 규모만을 좇는 대신, 산지가 스스로의 이름을 회복하는 방식으로. 귀주는 그 전환의 선두에서 조용히 태엽을 감고 있다. 카르스트 고원의 바람, 석회암 토양의 미네랄, 낮게 눌린 운무, 그리고 무엇보다 그곳 사람들의 얼굴이 이 변화를 밀고 간다.

차는 순환한다. 양총 사장이 말한 것처럼, 잎은 해마다 같은 자리에 돋고, 사람들은 해마다 다른 마음으로 그 잎을 맞는다. 역사도 그렇다. 제국의 세금과 이윤이 만든 업화(業化)의 그림자를 기억하면서도, 우리는 다시 한 그루와 한 잔으로 돌아온다. 산업은 숫자로 측정되지만, 문화는 기억으로 남는다.

 이 책을 덮는 지금, 나는 여행의 요약을 한 잔으로 다시 적는다. 처음의 잔은 과거를 비추고, 다음 잔은 오늘을 맑게 하고, 마지막 잔은 내일을 예고한다. 문은 이미 열렸다. 현대 차 산업의 문턱을 넘는 일은, 거대한 설비를 움직이는 일인 동시에, 한 잎을 제때, 제 온도로, 제대로 우려내는 일이다. 독자도 언젠가 그 문 앞에서 같은 바람을 느끼길 바란다. 우리가 마시는 것은 결국 자연이고, 노동이고, 시간이다. 그리고 그 모든 것이 한 잔의 향으로 모일 때, 오래된 세계와 새로 오는 세계가 같은 테이블 위에서 조용히 손을 맞잡는다. 귀주(구이저우)의 공기엔 고지대·저위도·운무라는 이 땅의 조건이 머금은 청량이 배어 있다. 오래된 사진 속 노동자의 손끝, 연구자의 실험 노트, 엔지니어의 설계도, 수확꾼의 삶이 한 잔의 수색(羞色)으로 번져 나온다. 역사는 결국 한 잔의 차처럼, 뜨겁게 데우고, 천천히 우려, 맑게 걸러 마시는 일인지도 모른다.

 이 기행을 기획하고 함께 해 주신 이경희 님과 염한규 님께 감사 인사 전합니다.